KB133338

아홉 개의 시간이 · 흐르는 · 나라가 · 있다고?

세계 지리 문화 이야기

세계 지리 문화 이야기
아홉 개의 시간이
흐르는 나라가 있다고?

1판 1쇄 발행 2021년 7월 15일
1판 3쇄 발행 2023년 8월 11일
지은이 서해경 그린이 비올라
펴낸이 정중모 펴낸곳 파랑새
편집장 서경진 책임편집 강정윤, 윤소정 디자인 권순영
마케팅 김선규 홍보 최가인, 최은서 온라인사업팀 서명희
제작 윤준수 관리 이원희, 고은정, 구지영
등록 1988년 1월 21일(제406-2000-000202호) 주소 경기도 파주시 회동길 152
전화 031-955-0670 팩스 031-955-0661 전자우편 bbchild@yolimwon.com
홈페이지 www.bbchild.co.kr ISBN 978-89-6155-933-1 43900

아홉 개의 시간이 · 흐르는 · 나라가 · 있다고?

세계 지리 문화 이야기

파랑새

젓가락질 잘하세요? 젓가락으로는 쌀, 보리 심지어 아주 작은 조와 수수, 동글동글한 콩도 잡을 수 있죠. 어릴 적 제 담임선생님은 "우리 민족은 젓가락을 쓰기 때문에 손재주가 뛰어나고 머리도 좋다."라고 하셨어요.

그 후 저는 앨빈 토플러라는 세계적인 미래학자가 '젓가락 사용을 잘하는 민족이 21세기 정보화 시대를 지배할 것'이라 예언한 것을 알았어요. 대한민국의 반도체 산업은 세계 최고예요. 한국의 어느 기업 총수도 우리의 젓가락 문화가 반도체 산업 발전에 큰 역할을 했다고 말했대요.

그런데 우리나라 사람들이 젓가락질을 유독 잘하는 이유는 무엇일까요? 바로 쌀을 주식으로 놓고 반찬을 입으로까지 가져가 먹는 습관 때문이에요. 쌀은 어떻게 우리의 주식이 되었을까요? 그건 우리나라가 벼농사가 잘되는 온대 몬순 기후이기 때문이고요. 벼에서 쌀은 먹고, 남은 짚으론 초가지붕을 올렸어요. 소쿠리, 짚신 등도 만들었죠. 벼농사 때문에 독특한 놀이 문화도 생겼어요. 전통문화로 유네스코에 등재된 줄다리기는 풍년을 기원하는 놀이예요. 이런 문

화와 생활 방식, 재능 등은 우리나라가 온대 몬순 기후 지역에 있기 때문에 발전한 거예요.

우리나라뿐 아니라 모든 나라가 이처럼 기후, 지형 등 자연환경의 영향을 받아요. 지리의 영향을 받는 거죠. 러시아는 동서로 길쭉한 국토 때문에 시간대가 아홉 개나 있어요. 지중해 국가들은 한낮의 더위를 피해 낮잠 문화가 발전했고요. 흐린 날이 많아 실내에서 지내는 시간이 많은 독일은 문학과 철학이 발전했답니다.

《아홉 개의 시간이 흐르는 나라가 있다고?》는 '25년 동안의 세계 여행을 마치고 돌아온' 전문 여행자이자, 연금술사이고 해적이고 작가이며 지리학자인 허풍선이 들려주는 지리 강의예요. 세계의 재밌고 독특한 문화에 대해 듣다 보면 저절로 문화와 지리의 관계를 알게 되고, 지리가 꽤 재밌는 과목이라 생각하게 될 거예요.

여러분을 허풍선의 지리 수업에 초대할게요. 자, 그럼 도담, 하은, 주영이와 함께 첫 번째 강의를 들으러 가 볼까요?

서해경

| 차례 | ■

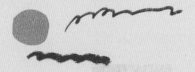

몽골. 매의 눈을 가진 사람들 10

칠레. 악마가 지키는 와인 22

스위스. 알프스와 더불어 사는 사람들 34

스페인. 하루에 다섯 번 밥을 먹는 나라가 있다고? 48

베트남. 요람에서 무덤까지 대나무와 함께 60

싱가포르. 벌금, 벌금, 또 벌금 74

중국..ˑ물 대신 차를 마시는 사람들 88

독일..ˑ독일인은 왜 독서광이 되었을까? 100

러시아..ˑ아홉 개의 시간이 흐르는 나라 112

핀란드..ˑ얼음 호수에서 목욕하는 산타의 나라 120

볼리비아..ˑ뽀드득 뽀드득 소금 밟는 소리 138

"거짓말쟁이라니, 거짓말쟁이라니……? 난 단 한 번도 거짓말한 적 없다, 그럼!"

허풍선이 힘차게 고개를 끄덕였다. 뚝, 목에서 소리가 나고 윽, 입에선 신음소리가 흘러나왔다.

"음. 제가 보기엔 선생님은 거짓말쟁이가 아니에요. 허풍선이죠."

시력 교정용 안경을 쓴 도담이가 코를 찡긋했다. 안경을 쓴 지 얼마 안 되어 익숙하지 않아서 코가 간지러운 게 분명하다.

"도담이 말이 맞아. 선생님 이름표에도 '허풍선'이라고 써 있잖아."

주영이가 옆에 앉은 하은이 귀에 속닥였다.

하은이가 허풍선의 이름표를 슬쩍 보며, 새침하게 손등으로 귀밑머리를 귀에 꽂았다. 머리카락이 곱게 귀에 감겼다. 아침부터 2시간이 넘도록 고데기로 곱슬머리를 편 보람이 있었다.

"다 들린다, 이 녀석아. 내 이름은, 어머님이 태몽으로 오색의 풍선이 날아가는 꿈을 꾸셨다며 지으신 거야. 아버님 성은 '허'이고."

허풍선은 양손으로 목덜미를 주물렀다.

"선생님, 오늘은 어떤 얘길 해 주실 거예요?"

도담이가 안경을 벗었다가 다시 썼다.

"세상에 매의 눈을 가진 사람도 있어요?"

하은이가 강의 계획표 첫째 줄을 손가락으로 짚었다.

"오늘은 말이야, 내가 죽을 뻔하다가 엄청난 지식과 용기, 순발력과 지혜 덕분에 살아남은 여행담을 표방한 지리 강의를 들려줄 거야. 특히 세계의 지리, 기후, 지형과 풍습, 문화에 대한 나의 어마어마한 지식……."

"윽, 또 허풍……!"

오리엔테이션에서 허풍선의 허풍을 파악한 도담, 하은, 무영이가 동시에 고개를 지었다. 하지만 허풍선은 못 들은 척하며, 저 멀리 창밖으로 시선을 돌렸다. 몽실몽실한 구름이 맞은편 건물에 걸려 있었다.

허풍선은 세계의 지리와 문화가 어떤 관계가 있는지, 첫 번째 강의를 시작했다.

몽골. 매의 눈을 가진 사람들

100KM

말을 타고 넓고 넓은 초원을 달리는 건 내 오랜 꿈이야. 그래서 그 꿈을 이루기 위해 준비했어. 결국 나는 1년 동안 월급을 모아 몽골로 떠났어.

제일 먼저, 몽골에서 말타기 체험을 했어. 말은 안내인을 따라 타박타박 타박타박 걸었어. 에계, 내 걸음과 비슷한 속도로 걸으려고 멀리 몽골까지 왔단 말인가? 아니지!

난 안내인 몰래 두 발로 말의 엉덩이를 탁 쳤어. 나의 "으아아아", 말의 "히히이잉", 뒤에선 "조심해요······." 비명과 고함이 서외 논시에 티셔 니뀄어. 아세빈 함께 민타기 체험을 치던 사람들의 소리는 곧 사라졌어.

몽골 말은 몸집이 작아도 힘이 세다더니, 말은 쉬지 않고 달렸어. 몽골의 초원도 끝이 없었지. 나 역시 지치지 않았어. 엉덩이가 통곡했을 뿐.

어느덧 머리 위에 있던 해가 지평선 위 30도쯤까지 내려왔어. 공기가 서늘해지고 배가 고팠어. 말도 배가 고팠는지, 멈춰서 풀을 뜯어 먹었어. 나는 때를 놓치지 않고 목에 건 망원경으로 주위를 살폈어. 넓고 텅 빈 초원에 말과 나 둘뿐이었지. 걱정이 되었어.

"초원은 밤에 엄청 춥죠?"

"엄청 춥지. 그런데 그때 난, 추위를 걱정한 건 아니야. 추위가 날 잡아먹진 않으니까."

하은이의 질문에 허풍선이 대답했다.

가로등은커녕 집 한 채 없는 곳에서 혼자 밤을 보내는 건 아무리 나, 허풍선이라도 무서웠어. 무리 지어 다니는 늑대를 귀여워할 상황은 아니었으니까. 나는 말을 재촉하며 끝없이 펼쳐진 초원을 헤맸어.

'해가 지기 전에 마을을 찾아야 해.'

주위를 살피다 말똥을 발견했어. 모래와 풀 사이에 시루떡처럼 생긴 말똥이 있었지. 말에서 내려 말똥 주변을 살폈어. 곧이어 말똥을 하나 더 발견했지. 그 앞에도 한 덩이가 더 보였어. 딱딱하게 굳은 걸 보니, 내 말이 싼 똥은 아니야. 살았다! 말을 탄

사람들이 이 길을 지나갔고, 난 그들을 찾기만 하면 되는 거야.
난 말똥이 놓인 방향으로 말을 몰았어.

"아저씨!"

맞은편에서 흙모래 바람을 일으키며 몽골 전통 의상인 델을
입은 남자아이가 말을 타고 달려왔어.

"그래요, 여기 사람 있어요!"

나는 열심히 두 팔을 흔들었어. 말에서 떨어질 뻔했지. 하마
터면 죽을 뻔했다니까.

"저는 나이난이네요. 우리 아빠가 아저씨를 초대했어요."

"이렇게 감사할 일이……. 그런데 이 넓은 초원에서 나를 어
떻게 찾았니?"

"아저씨가 헤매는 걸 봤어요."

날 볼 수 있을 정도라니, 나이단의 집이 꽤 가까이 있는 게 분명했어. 하지만 말을 탄 나이단은 계속 달렸어. 아마 상암 월드컵경기장을 100바퀴쯤 돈 거리 만큼 달렸을 거야. '이렇게 먼 곳에서 나를 봤다고, 진짜니?'라는 의심이 마구 솟아날 무렵, 저 멀리 언덕 아래 게르가 보였어.

게르에선 하얀 연기가 솟아오르고 있었지. 게르는 나무 뼈대를 세우고 그 위에 짐승 털로 만든 천을 덮어 만든 이동식 집이야. 몽골 유목민은 계속 돌아다니며 가축을 키우기 때문에 집을 가지고 다녀. 그래서 집이 조립하고 해체하기 쉬워야 해. 또 가벼워야 하지. 우리가 캠핑할 때 사용하는 텐트랑 비슷하지?

나이단 아버지, 여동생, 남동생이 게르 밖에서 나를 기다리고 있었어. 나는 그들을 따라 게르 안으로 들어갔어. 초원에선 막을 것이 아무것도 없기 때문에 바람이 아주 강해. 그래서 센 바람에 잘 견디게 게르를 낮게 짓지.

머리를 숙이고 게르 안에 들어서자, 중앙에 화덕이 있고 그 위 천장이 둥글게 뚫렸어. 화덕과 연결된 연통이 그 구멍 밖으로 이어졌어. 벽에는 옷장과 이불장, 이동식 침대가 있었어.

나이단 어머니가 난로 위 냄비를 휘휘 젓다가, 나를 보고 고개를 살짝 숙였어. 냄비에서는 고소하고 비릿한 냄새가 났어. 몽골 전통차인 수테차야. 수테차는 양젖, 염소젖, 소젖, 낙타 젖 등에 찻잎과 소금을 넣고 끓여. 몽골 주부들은 일어나자마자 수테

게르의 내부 모습. 게르는 나무로 뼈대를 만들고 그 위에 짐승의 털로 만든 천을 덮어 만드는 몽골의 전통 가옥이다.

차를 끓이지. 그만큼 몽골 사람들이 항상 마시는 차야.

"손님이 오면 새로 수테차를 끓여요."

나이단 어머니가 김이 펄펄 나는 수테차를 대접에 가득 담아 건넸어. 그 순간 내게 어떤 일이 닥칠지 예감했어. 그래도 나는 두 손으로 공손히 대접을 받아 꿀꺽꿀꺽 들이켰어.

"우와르르르르."

목을 부여잡았어. 터지는 비명까지는 잡지 못했지. 수테차는 너무나 뜨거웠어. 나이단의 동생들이 엄마 뒤에 숨어서 키득거렸어. 거침없이 부는 초원의 바람과 햇빛을 받아서 아이들의 얼굴은 거칠고 빨갛게 달았어. 그런 얼굴로 웃음을 참는 아이들은 잘 익은 토마토 같았지. 아주 귀여웠단다. 몽골 유목민은 늘

이동하며 살기 때문에 사람을 만날 기회가 다른 문화권에 비해 적어. 그래서인지 아이들은 수줍어하면서도 계속 내 주위를 맴돌았어.

몽골에서 수테차를 거절하는 건 실례야. 물이 부족한 몽골에서 물 대신 마실 수 있는 소중한 음식이니까. 난 한 방울도 남김없이 다 마시기로 했어. 그런데 말이야…….

다 마시면 또 주고, 다시 다 마시면 또다시 주는 거야. 몽골 게르에서는 손님에게 내주는 수테차를 거부하면 실례라고 하니, 거절할 수가 없었어. 덕분에 나는 방광이 빵빵해져서 어쩔 줄 몰라 했지.

"흠. 낙타 젖이라니……. 비릿하지 않을까?"

"그래도 나는 한 번 먹어 보고 싶은데?"

주영이와 하은이가 소곤댔다.

저녁으로 양고기를 넣은 군만두 호쇼르, 말 젖에 요구르트를 넣어 발효시킨 아이락을 먹었어. 아이락은 우리나라 막걸리와 비슷한데 더 시큼해. 유목민은 농사를 지을 수 없기 때문에 채소와 과일이 귀하지. 그래서 주로 고기와 가축의 젖으로 만든 음식을 먹어.

생명의 은인인 이 가족에게 감사의 연주라도 들려주고 싶었지만 저녁을 먹자 너무 피곤해서 스르르 눈이 감겼어.

다음 날 아침을 먹고, 커다란 보온병에 뜨거운 수테차를 가득 담아 게르를 나섰어. 나이단 가족에게 은혜를 갚고 싶었어. 그

고기 속을 넣어 튀긴 호쇼르. 몽골의 대표 음식 중 하나로, 우리나라 호떡과 모양이 비슷하다.

래서 함께 가축을 돌보기로 했지.

나이단과 게르 뒤에 있는 언덕으로 향했어. 나이단의 어린 동생들도 따라왔어. 겨우 7살, 8살인데도 말을 잘 타더라. 다른 나라 아이들이 자전거를 탈 때, 몽골 아이들은 말을 타니까.

언덕에 올라서자, 양과 염소들이 보였어. 수백 마리는 될 듯했지.

"저는 울란바토르에 있는 학교에 다녀요. 지금은 방학이라 집에 왔어요. 가축들을 돌봐야 하니까."

나이단이 새총을 당기는 시늉을 했어. 새총으로 뭘 할 수 있을까 의심스러웠지.

"여름엔 풀이 많아서 한곳에서 오래 머무를 수 있는데, 추워지면 풀을 찾아서 계속 돌아다녀야 해요. 저 녀석들이 풀을 다 먹어 버리니까요."

나이단이 풀을 뜯는 양과 염소를 가리키며 웃었어. 그러다 갑자기 표정이 굳어졌어.

"검독수리예요."

하늘을 올려다봤지만 아무것도 보이지 않았어.

나이단은 눈도 깜박이지 않고 하늘을 노려보더니 순식간에 말을 타고 달려 나갔어. 어느새 나이단의 동생들은 양과 염소들을 한쪽으로 몰고 있었지.

나는 망원경으로 나이단을 찾았어. 나이단은 옆 언덕으로 말을 달렸어. 그 언덕 면에 새끼 양 한 마리가 서성였어. 순간 하늘에서 독수리가 화살처럼 내리꽂히더니 양을 움켜쥐고 공중으로 솟아올랐어. 거의 동시에 나이단이 독수리를 향해 새총을 쐈지만, 독수리는 양을 놓지 않았어.

나이단이 독수리를 쫓아 말을 달렸어. 나는 나이단을 쫓아 달렸어. 나이단을 혼자 보낼 수는 없었지. 곧 나이단을 따라잡았어. 사실 나는 못하는 게 거의 없어. 말 잘 타고, 지식도 풍부하고, 세계 모든 언어를 다 알고 또…….

초원은 바위산으로 이어졌어. 납작한 검은 돌이 쌓인 산을 올라갈수록 돌은 거친 바위로 바뀌었어. 나이단과 나는 말에서 내려서 걷기 시작했어. 산 반대편은 가파른 절벽이었지. 우리가 절벽을 내려다보는 순간, 갑자기 독수리가 솟아올랐어.

"저 녀석이에요."

"아니야. 양이 없잖아."

"저 독수리가 맞아요. 오른쪽 눈 밑에 흉터가 있잖아요."

독수리는 우리 머리 위를 천천히 맴돌았어. 언제라도 공격할 기세였지.

"저 벼랑 밑에 어미 양의 주검이 있어요. 새끼들이 붙여요."

나이단이 벼랑 아래를 살폈어. 그러다 어깨를 으쓱하며 한숨을 쉬었어.

"그만 돌아가요. 새끼 양은 이미 죽었을 거예요."

몽골 사람들은 자기가 잡은 동물이 아니면 먹지 않아. 병에 걸려 죽거나 다른 동물에게 공격당해 죽거나 추위에 얼어 죽는 동물은 먹지 않지. 그런 동물은 야생 짐승들이 먹어.

"그런데 말이야. 진짜 독수리 오른쪽 눈 밑에 흉터가 보였어?"

"아저씬 못 보셨어요?"

"오른쪽 눈 밑 흉터는커녕 독수리 눈도 안 보였다고. 어째서 너는 그렇게 시력이 좋은 거지?"

"몰라요. 그냥 보이니까 보는 거죠."

"흠. 맞는 말이군."

나는 고개를 끄덕였어. 그 사이에도 나의 뇌세포는 쉬지 않고 움직였어.

"그렇지! 네 시력이 좋은 건 멀리 보는 생활을 하기 때문이야. 사냥과 생존을 위해 자연스럽게 멀리 보는 훈련이 된 거지. 그 때문에 눈의 기능과 근육이 발달하면서 뛰어난 시력을 가지게 된 거야. 눈앞을 막는 건물이나 산, 나무 등이 없는 광활한 초원에서 사니까 멀리 볼 수 있지. 게다가 초록색은 눈의 피로를 풀어 주고 건강하게 해 주는 역할도 하거든. 이 푸른 초원도 시력에 도움이 된 거야. 또 햇볕을 쬐면 도파민이란 물질이 나와서 눈을 건강하게 만들어."

나이단이 입을 벌린 채 날 쳐다봤어. 내 지식에 감동했겠지!

실종된 나를 찾아온 말타기 체험 안내인을 돌려보내고 나는 나이단의 가족을 도우며 무려 여덟 달을 함께 지냈어. 잘 알지도 못하는 날 초원에서 도와준 것에 보답하고, 새끼 양을 지키지 못한 책임을 다하고 싶었어.

'혹시 나도 몽골의 초원에서 살면 시력이 좋아질까?'

물론 내 가설을 실험하고 싶기도 했지.

"그래서요? 그래서 시력이 진짜 좋아졌어요?"

하은이가 물었다.

"저 창문 밖 전깃줄에 비둘기 한 마리가 앉았구나. 오호 저 녀석, 비둘기 부리 끝에 딸기 잼이 묻었네. 그런데 딸기 잼 위에서 붉은개미가 안절부절못하는군.

쯧쯧, 개미가 집으로 돌아가야 할 텐데!"

허풍선은 비둘기 부리 위에 묻은 딸기 잼 위에 붙은

붉은개미를 보며 혀를 찼다.

칠레.

악마가 지키는 와인

"포도를 먹으려면 아직도 다섯 달이나 기다려야 해. 싫어, 지금 포도를 먹고 싶어."

난 포도를 좋아한단다. 하지만 우리나라에선 8월에 포도가 익잖아. 물론 마트에 가면 수입 포도랑 비닐하우스에서 자란 포도가 있긴 하지. 하지만 우리 어머니는 항상 말씀하셨어.

"풍선아, 제철 과일과 제철 채소를 먹어라."

그런데 먹고 싶은 마음은 참을 수 있는 게 아니잖니? 그것도 다섯 달이나 참으라니, 도저히 감당할 수 없는 고통이지. 3월에 포도를 먹을 수 있는 방법 없을까? 인터넷을 검색하다, 칠레의 포도 농장 사진을 발견했어. 달콤한 포도 맛이 떠오르며 입안 가득 침이 고였지. 마침 여행을 가려고 여행지를 물색하던 터라 주저하지 않고 칠레로 결정했어.

"칠레로, 출발! 먹자, 포도!"

난 당장 짐을 꾸렸어. 두툼한 점퍼와 털모자, 솜바지, 수영복, 선크림, 선글라스, 반팔 티셔츠 등 옷장에 있는 옷을 몽땅 여행 가방에 집어넣었어.

"와. 칠레에선 포도가 3월에 익는다고요? 진짜요?"

안경 속 도담이의 눈이 동그래졌다.

"응. 우리나라는 적도보다 북쪽, 즉 북반구에 있어. 칠레는 적도의 남쪽, 남반구에 있고. 두 나라는 계절이 반대야. 칠레의 계절은 가을, 겨울, 봄, 여름 순서야. 12월에 여름 시작, 6월에 겨울 시작이지."

"그런데요. 두툼한 점퍼랑 털모자는 겨울옷이고, 반팔 티셔츠랑 수영복은 여름옷이잖아요. 왜 겨울옷, 여름 옷을 다 가져가요?"

"칠레는 봄, 여름, 가을, 겨울이 다 있는 나라거든."

"우리나라도 사계절이잖아요. 그렇다고 겨울옷과 여름옷을 같이 입진 않는다고요."

"칠레는 남북으로 긴 나라야. 칠레 북부는 아타카마 사막이 있는 아열대 기후, 중부는 온대 기후에 속하는 지중해성 기후, 남부는 빙하와 펭귄을 볼 수 있는 한랭 기후야. 원한다면 하루에 사계절을 다 겪을 수 있지."

허풍선이 설명했다.

아무튼, 20시간이 넘도록 하늘을 날아 칠레의 수도 산티아고에 도착했어. 1분만 더 비행기 의자에 앉아 있었더라면 엉덩이에서 뿌리가 자랄 뻔했지.

칠레는 눈이 부시도록 햇살이 강했어. 어디로 갈지 고민하는데 친절해 보이는 칠레 아저씨가 눈에 띄었어. 참, 그 아저씨 이름은 디에고였어.

"실례합니다. 포도를 먹으려면 어디로 가야 합니까?"

"어떤 포도요, 카베르네 소비뇽? 메를로? 카르미네르? 시라? 말벡?"

"카베, 소비뇽, 말벡……? 그게 뭔가요?"

"칠레엔 포도가 30여 종이 넘어요."

'앗! 내가 아는 칠레 포도는 크림슨, 톰슨 시틀러스, 레드글로브밖에 없는데……. 역시 지식에는 끝이 없다. 먹을거리에도 끝이 없네.'

내가 당황하자, 디에고는 다양한 포도와 그 포도들로 만든 와인을 맛볼 수 있는 곳을 소개했어.

"콘차이토로는 칠레에서 가장 큰 와인 제조 회사예요. 포도, 와인 체험장을 운영하죠."

"콘차이……? 당장 갈게요. 그라시아스(감사합니다)."

함께 칠레의 포도와 와인을 체험할 사람들과 안내인을 따라 콘차이토로 체험장에 들어갔어. 아주아주 넓은 정원에 다양한 색과 크기의 포도들이 주렁주렁 달렸어. 나무 팻말엔 포도의 품종이 적혀 있었는데, 대부분 처음 보는 포도였어. 자그마치 26종이나 있더라고. 즉 내가 26종의 포도를 먹을 수 있다는 거지. 오호 행복해라!

"어흑, 달다. 역시 제철 과일을 먹으란 어머니의 말씀은 삶의 지혜야."

"아참. 칠레의 포도가 왜 맛있는지 알려 줄까?"

"아뇨."

주영이가 고개를 저었다.

"내 지식을 자랑할 수 있게 해 다오. 칠레는 일조량이 풍부해. 포도가 한창 익는 여름은 덥고 건조해서 포도 맛을 달게 만들어. 포도 병충해도 적은데, 그건 칠레의 지형 때문이야. 칠레의 북쪽은 아타카마 사막이야. 세계에서 제일 건조한 사막이지. 100년이 넘도록 비 한 방울 내리지 않은 곳도 있어. 칠레 동쪽은 세계에서 가장 긴 안데스산맥이 막고 있어. 그뿐인가. 남쪽 끝은 빙하가 있어. 남극과 가깝지. 이제 서쪽만 남았군. 칠레 서쪽은 태평양에 접해 있어. 포도 병충해가 오고 싶어

칠레의 북쪽에 위치한 아타카마 사막. 전 세계에서 가장 메마른 해안 사막이다.

도 사막, 산맥, 빙하, 거대한 태평양으로 둘러싸인 칠레
에 오긴 힘들겠지?”

달콤하고 진한 포도를 맛보며 하나하나 포도 이름을 익히는
데, 주위 사람들이 웅성거리며 줄을 서기 시작했어. 새로운 포도
를 주나 싶어서 나도 줄을 섰지. 그런데 포도가 아니라, 포도를
숙성시켜 만든 와인을 한잔 주더라고. 난 술은 전혀 못 마시지만,
줄 선 시간이 아까워서 한 모금 마셨어.

‘오오, 달콤한 향기…… 윽, 씨! 벌써 난 쓴 술이 오 버그야.’

그런데 앞에 다른 줄이 나타나서, 나도 모르게 또 줄을 서고
말았어. 곧 새로운 와인 한잔을 받아 들게 되었지. 그런데 그 앞
에 또 사람들이 줄을 섰더라고. 이상하게도 난 또 줄을 서고 말
았어. 그리고 또 다른 와인 한 잔을 마셨어.

3번째 와인까지 마시자 귀가 먹먹해졌어. 하지만 다른 사람
들에 뒤질세라 열심히 안내인을 따라갔지. 안내인은 지하 와인
저장고로 우리를 안내했어.

지하 저장고는 컴컴하고 서늘했어. 와인이 담긴 커다란 오
크통이 수천 개나 있었어. 안내인이 이 저장고의 이름이 왜 악마
의 저장고인지 설명하는데, 갑자기 하품이 나면서 눈꺼풀이 내
려앉았어. 슬금슬금 뒤로 물러나서 벽에 기댔지. 그대로 서 있다
가는 기절할 것 같았다니까.

“으, 추워!”

추워서 몸을 부르르 떨며 눈을 떴어. 사방이 깜깜했고, 난 차가운 바닥에 누워 있었지. 깜짝 놀라 후다닥 일어났어. 쾅. 으악! 무릎이 뭔가에 부딪혔어. 별이 번쩍했지. 천천히 손을 뻗어 보니 나무통이 만져졌어. 와인을 저장하는 오크통이야. 그래, 난 지하 와인 저장고에 있던 거야. 기절할 것 같았는데 진짜 기절한 거였어.

"여보세요. 아무도 없어요? 여기 사람 있어요."

아무것도 안 보였지만 주위를 둘러보며 속삭였어. 이상하게 큰 소리가 안 나오더라고. 오크통을 더듬거리며 한 걸음씩 앞으로 걸었어. 어디가 앞인지 알 수 없었지만 말이야.

쉬이익. 어디선가 차가운 물이 뿜어져 나와서 얼굴과 팔은 물론 온몸을 적셨어.

"으악! 사람 살려! 여기 사람이 갇혔어요. 살려 주세요."

나는 비명을 지르며 무작정 달렸어. 여기서 쿵, 저기서 쿵 하고 오크통에 부딪혔지만 도저히 가만히 서 있을 수가 없었어. 하지만 내 비명에 대답하는 소리는 저장고 벽을 울리는 메아리 뿐이었어.

'난……, 난 허풍선이야. 그래, 침착하자.'

난 욱신거리는 무릎을 문지르며 중얼거렸어. 어느새 어둠에 눈이 익숙해져서 와인 저장고를 가득 채운 오크통들이 보였어. 난 출입문을 찾아 천천히 걸었어.

그때 스으윽, 바람이 내 볼을 어루만지며 지나갔어. 볼을 슥

습 문지르는데, 귀에 속삭이는 소리가 들렸지.

"너도 와인을 훔치러 왔니? 내 소중한 와인……."

깜짝 놀라서 주위를 둘러봤어. 아무도 보이지 않았어. 여전히 어두운 와인 저장고엔 나 혼자였어.

오싹 소름이 돋았어. 두 손으로 귀를 막은 채, 오크통에 부딪히는지도 모르고 무작정 걸었어. 텅 텅 터엉……. 와인 저장고 바닥을 울리는 진동이 느껴졌어.

"와인 도둑. 도망가, 내가 널 잡기 전에."

다시 소리가 들렸어. 고개를 휘휘 돌렸어.

머리에 커다란 뿔이 달린 악마가 삼지창을 들고 있었어. 눈은 붉게 빛나고 검은 혀를 날름거렸어.

순간 머리가 멍해졌지만 곧 정신을 되찾았어. 나를 두렵게 하는 게 뭔지 모를 때는 무섭지만, 눈앞에 확실하게 보일 땐 싸워 이기면 되잖아. 나, 허풍선이야! 대한민국 군인으로 복무했다면 누구나 태권도는 할 수 있지. 특히 난 태권도 대회에서 우승해서 대대장님께 포상 휴가도 받았어. 특공 무술과 총검술 등 각종 무술도 아주 뛰어나지.

난 천천히 두 다리에 힘을 주고 두 주먹을 꽉 쥐었어.

악마가 괴성을 지르며 삼지창을 휘둘렀어. 나는 침착하게 몸통막기로 공격을 막고 곧바로 학다리 서서 편손끝 세워 찌르기를 했어. 악마가 주춤주춤 물러났어.

"얍! 얍! 얍!"

　나는 앞차기, 제비품 목 치기, 편손끝 엎어 찌르기 등 각종 찌르기와 치기, 차기로 악마를 공격했어. 악마가 와인 저장고 구석으로 슬금슬금 물러났어. 하지만 난 쉴 새 없이 각종 태권도 기술을 구사했어. 정확하고 아름다운 내 품새를 보는 이가 없다는 것이 아쉬울 정도였지.

　악마는 계속 비틀거렸지만 쓰러지지 않았어. 물론 나도 지치지 않았지.

　"이얍! 얍! 얍!"

　구령을 외치며 계속 공격을 퍼부었어. 26가지 칠레 포도와 와인 3잔의 에너지는 대단한 것이었지. 칠레의 포도가 뜨거운 태양과 태평양의 바람, 안데스산맥의 빙하가 녹아 흐른 물을 먹고 자랐기 때문일까.

몇 시간째 날카로운 공격을 계속했어. 바람에 흔들리는 강아지풀처럼 악마가 휘청거렸어. 하지만 난 전혀 지치지 않고 계속 공격했지. 오히려 시간이 지날수록 더더욱 힘이 솟구쳤어.

"내 강력한 발차기를 받아라!"

나는 모든 힘을 발바닥에 모았어. 붕 뛰어올라 악마에게 돌려차기를 했어. 악마는 뒤로 물러나며 점점 작아졌어.

갑자기 와인 저장고에 빛이 들이쳤어.

"당신 누굽니까? 여기서 뭐하는 겁니까?"

콘차이토로를 안내했던 안내인이야. 그의 눈이 휘둥그레졌어.

"저 악마와 싸우고 있소."

난 벽 속으로 사라지려는 악마를 가리켰어.

"오우, 정신 차려요. 이곳에 악마는 없어요. 칠레 와인이 워낙 진하고 달콤해서 와인을 훔치는 사람들이 많았어요. 그래서 이곳에 악마가 있다고 거짓 소문을 낸 것뿐이에요."

"악마가 없다고? 저 악마가 안 보여요?"

"오우, 딱한 사람. 와인에 취해서 헛것을 보았군요."

안내인이 내게 팔짱을 꼈어.

"따듯한 칠레의 햇볕을 받으며 시원한 포도 음료를 마시면 정신이 돌아올 거예요."

나는 안내인의 손에 이끌려 밖으로 나갔어. 문 앞에 '카시

예로 델 디아브로(악마의 저장고)'라는 글자가 보였어. 어찌 된 일일까, 내가 꿈을 꾼 걸까? 나는 창고 안을 뒤돌아봤어. 벽 속으로 사라지던 검은 악마가 붉은 눈을 빛내며 삼지창을 들어 보였어.

　"어머. 선생님 진짜 악마랑 싸운 거예요? 으, 소름 끼쳐요."

　하은이가 두 팔을 감쌌다.

　"흠. 세상에 악마는 없어. 선생님이 헛것을 본 거지, 그렇죠?"

　주영이 미간에 주름이 잡혔다.

　"글쎄. 하지만 난 분명 악마와 싸워 이겼는걸."

　허풍선이 어깨를 으쓱했다.

스위스. 알프스와 더불어 사는 사람들

"하이디, 아니 《알프스 소녀 하이디》를 아니?"

허풍선이 도담, 하은, 주영이에게 물었다.

"그럼요. 《알프스 소녀 하이디》는 읽었어요."

주영이와 하은이가 고개를 끄덕였다.

"그렇구나. 나도 《알프스 소녀 하이디》를 동화로 읽고, 애니메이션으로 봤어. 그때마다 알프스 초원에 가고 싶었어. 양몰이 개와 함께 젖소와 양 떼 사이로 달리는 꿈을 꿨지."

허풍선이 지그시 눈을 감았다.

알프스 초원은 상상한 그대로였어. 넓은 초원에 젖소들이 띄엄띄엄 풀을 뜯었어. 산 위에서 불어오는 바람에 젖소 목에 맨 워낭이 딸랑거리며 맑은 소리를 냈지. 젖소들의 워낭 소리는 저마다 조금씩 달라서 마치 합주라도 하는 듯 아름다웠어.

"이상하다, 왜 목동이 안 보이지?"

알프스에 가면 하이디의 친구 페터 같은 꼬마 목동을 만날 줄 알았어. 하지만 한참을 돌아다녀도 목동은 보이지 않았지. 그래도 알프스는 목동을 만나지 못해도 서운하지 않을 만큼 아름다웠어. 특히 공기가 얼마나 맑은지 가슴이 뻥 뚫렸어. 알프스 산맥 꼭대기는 항상 눈에 덮여 있어. 만년설이지. 이 눈이 녹아내려서 크고 작은 호수를 만들어. 스위스가 맑은 공기와 깨끗한 물로 유명한 건 다 알프스 덕분이지.

난 알프스를 계속 올랐어. 어느덧 초원이 사라지고, 산비탈은 점점 가팔라졌어. 저 멀리 눈 덮인 정상이 보였어.

"어디에 산불이 났나?"

갑자기 사방이 붉어졌어. 둘러보니, 맞은편 봉우리에 해가 걸려 불타듯 붉었어. 그러더니 순식간에 사방이 어두워졌어. 알프스의 맑은 공기를 마시며 아름다운 풍경에 정신이 빠져서 시간 가는 줄 몰랐던 거야.

해가 지자, 기온이 뚝 떨어졌어. 높은 곳일수록 기온이 낮아지잖아. 특히 산은 밤에 기온이 뚝 떨어지지. 반팔 티셔츠만 입고 있으니 9월이었지만 추위에 몸이 떨렸어. 더 어두워지기 전에 알프스를 내려가야 했지.

"여기가 거긴가? 아니야. 여기는 처음 온 길 같아."

내가 올랐던 산길을 찾았지만 이 길도 그 길이 아닌 것 같고, 저 길도 그 길이 아닌 것만 같았어. 어두워진 산길은 다 비슷비슷해 보였어. 내가 같은 장소를 맴도는 건지 아니면 제대로 산을 내려가고 있는 건지도 확신할 수 없었어. 바람은 점점 거세지고 온몸에는 소름이 돋았어. 설상가상으로 배도 고팠고 점점 초조해졌지.

회색빛이던 하늘은 점점 어두워지고 하나둘 별이 나타났어. 하늘이 어두워질수록 별은 더 빛났지만, 산속은 여전히 어두웠어. 주위를 둘러봐도 작은 불빛 하나 보이지 않았지. 그런데 어두워도 목소리는 낼 수 있잖아. 나는 계속 소리쳤어.

"도와주세요! 제가 길을 잃어버렸습니다."

이 정도로 소리쳤으면, 알프스의 요정이라도 나타날 법했어. 하지만 내 목소리는 거센 바람 소리에 묻히고, 거대한 알프스의 계곡 사이에 갇혀서 멀리 퍼지지 않았어. 목까지 아파 왔지.

"허풍선, 인정하자. 또 길을 잃은 거야."

나는 바위에 털썩 주저앉았어.

길을 잃었을 때는 어떻게 해야 할까? 어차피 모르는 길인데 계속 돌아다녀 봐야 아무 소용이 없어. 오히려 점점 더 엉뚱한 길로 빠져들 수 있지. 길을 잃었을 땐, 지금 있는 그 자리에서 구조대를 기다리는 게 낫단다.

그런데 불현듯 내가 길을 잃었다는 사실을 아무도 모를 거라고 생각하니 불안해졌어. 게다가 스위스 영토의 3분의 2를 차지할 만큼 거대한 알프스 산에서 날 찾을 수나 있을지 말이야. 저절로 한숨이 새어 나왔어. 헨델과 그레텔처럼 조약돌을 떨어뜨려서 길을 표시했어야 하나 후회가 밀려왔지.

그렇게 이런저런 생각을 하다 마침 바위 아래가 움푹 패어서 바람을 피하기 좋은 곳을 발견했어. 상체를 숙이고 들어앉으니 제법 아늑했지.

"으응? 뭐지 이건?"

얼굴이 축축해지는 느낌에 눈을 떴어. 깜박 졸았더라고.

"악!"

엄청나게 큰 털북숭이가 내 얼굴을 맛보고 있었어.

"와! 털북숭이가 늑대였어요? 싱싱한 음식인지 냄새를 맡았던 거예요?"

도담이의 콧구멍이 벌렁거렸다.

"싱싱한 음식이라니……. 그 털북숭이의 정체는 산악 구조견이었어."

"스위스 구조견은 세인트버나드가 유명하잖아요. 아, 나도 세인트버나드 보고 싶다."

하은이는 두 손으로 볼을 감싸며 좌우로 흔들었다.

스위스의 산악 구조견 세인트버나드. 조난자가 깨어나면 마실 수 있도록 세인트버나드는 목에 럼주가 들어 있는 통을 매달고 있다.

구조견은 목에 '조니'라고 새겨진 나무통을 매달고 있었어. 나는 천천히 조니의 목줄을 풀고 나무 통을 열었어. 술 냄새가 확 풍겼지.

"술 대신 따듯한 쇠고기 죽이면 얼마나 좋아?"

나는 살짝 아쉬웠지만 술을 한 모금 마셨어. 윽, 목이 타는 것 같았어. 칠레의 악몽이 떠올랐지. 하지만 곧 몸에 열이 나면서 추위가 가셨어.

내가 자리에서 일어나자 조니가 앞장섰어. 그러더니 흘끗 나를 쳐다봤어. 그때 조니는 내 생명의 동아줄과 다름없으니까 얼른 녀석을 따라 어두운 산길을 내려갔어.

조니는 짖지도 달리지도 않았어. 어둠은 아무렇지 않다는 듯 침착하게, 하지만 천천히 길을 안내했어. 가끔 나를 되돌아보며 속도를 조절했지.

30분쯤 걸었을까. 저 멀리 주황색 불빛이 반짝였어. 더 가까이 다가가자 오두막이 보였어. 불빛은 오두막 창문으로 새어 나오고 있었지.

앞장선 조니가 '웡웡' 하고 짖었어. 만난 이후로 처음 짖는 거였지. 곧 오두막 문이 열리고 할아버지 한 분이 나왔어. 조니는 할아버지에게 달려갔어. 얼떨결에 나도 조니를 따라 달렸지.

할아버지는 조니의 옆구리를 쓰다듬었어. 그 녀석 꼬리가 프로펠러처럼 빙글빙글 돌더군.

"먼저 들어가요. 알프스의 밤은 매섭답니다."

할아버지가 오두막 안으로 나를 안내했어.

오두막은 아주 작았어. 방 하나와 거실 겸 주방이 전부였지.

"어서 와요. 저녁을 좀 차렸답니다."

식탁에 음식을 차리던 할머니가 내게 미소 지었어. 나뭇가지로 엮은 소쿠리에는 깍두기처럼 자른 갈색 빵이 담겨 있었어. 곧이어 햄이 담긴 접시, 우유 잔, 긴 꼬챙이가 차려졌어. 우유를 한 모금 마시자, 할머니가 진흙을 구워 만든 항아리를 내 앞에 놓았어. 카크롱이라고 하지. 항아리 속엔 치즈가 끓고 있었어.

"빵이 굳었어요. 그러니 이 녹인 치즈에 빵을 찍어 먹어요."

할머니가 긴 꼬챙이로 빵 조각을 찍어서 치즈 항아리에 담갔어. 항아리에 담긴 치즈를 찍어야 하니 꼬챙이가 길었어. 꼬챙이를 꺼내자 치즈에 푹 적셔진 빵에서 꿉꿉한 냄새가 났어.

"퐁뒤는 우리 스위스의 전통 음식이라오. 내가 직접 젖소의 젖을 짜서 치즈를 만들었지."

할아버지가 조니를 개집에 넣고 오두막으로 들어왔어.

나는 빵 조각을 입에 넣었어. 빵은 촉촉하고 고소하고 따뜻했어.

"스위스에선 오래전부터 가축을 키웠어요. 알프스의 넓은 초원은 농사를 짓기에 맞지 않지. 하지만 젖소, 양, 염소를 키우기엔 아주 그만이거든. 그래서 스위스에는 고기와 우유가 풍부하다오. 우유로 만든 분유도 스위스에서 처음 만들었고 우유를 넣은 밀크초콜릿도 우리나라에서 처음 만들었지."

할아버지가 치즈 항아리에 빠진 빵조각을 내게 건져 주었
어. 그런데 치즈를 찍으니 빵이 무거워져서 자꾸만 카크롱에 빠
지더라고.

"알프스에 사는 사람들은 매일 부드러운 빵을 사러 산을 내
려갈 수 없어요. 직접 빵을 만들어야 하죠. 그런데 시간이 지나면
빵이 딱딱하게 굳어 버려요. 그래서 녹인 치즈에 딱딱해진 빵을
찍어 먹게 된 거죠. 식은 고기를 찍어 먹기도 하고요. 먹어 보니
어때요? 다른 곳에서 먹는 치즈랑 맛이 다르지 않나요?"

"네, 선생님 맛있습니다. 제가 먹어 본 치즈 중에서 맛이 가장
진하고 부드럽습니다. 집으로 돌아가도 이 치즈 맛이 그리워서
다시 스위스에 올 것 같습니다."

"호호호. 그건 어려울 거예요. 같은 사람이, 같은 가축의 젖
으로 치즈를 만들어도 매번 맛이 다르답니다."

할머니가 햄을 담은 접시를 식탁에 놓으며 맞은편 의자에
앉았어.

"왜요?"

"가축들이 알프스 초원의 풀을 먹잖아요? 알프스는 계절마
다 서로 다른 풀과 꽃이 자라죠. 먹은 풀이 다르니까 가축의 젖
도 계절마다 맛이 달라요. 당연히 그 젖으로 만든 치즈도 맛이
달라질 수밖에요."

"난 어렸을 적부터 목동이 되고 싶었다오. 우리 가족은 산
아랫마을에 살았는데, 봄이 되면 큰 형이 젖소 떼를 몰고 알프스

를 올라갔지. 나는 치즈와 말린 고기를 싸서 형에게 가져다줬소. 형이 사는 작은 오두막에 누워 초원을 지나는 바람 소리를 듣곤 했지."

할아버지는 눈을 지그시 감고 옛이야기를 들려줬어.

"알프스는 항상 아름다웠지만, 우리는 가난했어요. 알프스 산맥 때문에 농사지을 땅이 부족하니 먹을 것도 부족했죠. 그래서 수백 년 전부터 스위스 젊은이들은 용병이 되어 전쟁터에 나갔어요."

할머니가 우유를 할아버지의 컵에 따랐어.

"오! 프랑스에서 '빈사의 사자상'을 본 기억이 납니다. 깊은

빈사의 사자상. 1792년 프랑스 혁명에서 루이 16세를 마지막까지 지킨 스위스 용병을 기리기 위한 작품이다.

슬픔이 느껴졌죠."

"그래요. 프랑스 대혁명 때, 루이 16세를 끝까지 지키다 전멸한 스위스 용병들을 기리는 조각이죠. 바티칸을 침범한 적으로부터 교황 클레멘스 7세를 끝까지 지키다 전사한 군인들도 스위스 근위병이고요. 그래서 아직까지 교황의 근위대는 스위스 사람이 맡아요."

"그렇군요. 지금의 부유한 스위스를 보면, 가난한 스위스가 상상이 되지 않네요."

"척박한 곳에서 살아남으려면 부지런해야지 우리 스위스 사람들은 아주 근면하다오."

할아버지가 미소 지었어.

"참, 제가 길을 잃은 걸 어떻게 아셨습니까?"

"조니가 안 거요. 조니는 산악 구조견으로 일하다가 은퇴했지. 그런데 오후부터 녀석이 계속 낑낑거리기에 술통을 매달아 줬더니, 당신을 데리고 온 거요."

"조니 덕분에 살았군요. 내일 아침에 녀석의 머리를 쓰다듬어 주겠습니다."

"엉덩이를 슥슥 긁어 주는 걸 더 좋아할 거요. 그리고 다음에 길을 또 잃으면, 그땐 요들을 불러요. '요를레이 요를레이오' 이렇게 말이오."

"하하하하. 제가 못하는 게 거의 없는데, 노래는 영 자신이 없습니다. 음치죠."

"음치라도 상관없소. 요들은 원래 노래가 아니니까. 요들은 목동의 신호라오."

알프스에선 이목을 해. 목동이 봄에 가축을 몰고 알프스 초원으로 올라가서 그곳에 살며 가축을 지키다가, 알프스에 겨울이 오기 전에 다시 가축을 몰고 마을로 내려가 마을 우리에서 키우는 거야.

"산에 머무는 목동들은 마을에 사는 가족에게 요들로 안부인사를 전했다오. 목동끼리도 요들로 말했지. 말소리는 멀리 전

나팔 모양의 목관 악기인 알펜호른. 목동이 소나 양과 같은 가축을 불러 모으기 위해 신호용 악기로 사용했다.

달되지 않지만 요들은 메아리처럼 멀리 전달되니까."

"분명 목동은 요들을 불러서 멀리 흩어진 소와 양들도 불러 모았을 겁니다."

"그렇지. 요들뿐 아니라 알펜호른도 불었다오. 알펜호른의 소리는 10㎞까지도 전달되거든."

할아버지가 벽에 선 알펜호른을 가리켰어. 할아버지의 할아버지가 직접 만든 거래.

"오랜만에 한번 불어 볼까?"

할아버지가 알펜호른을 들고 밖으로 나갔어. 할아버지는 나보다 키가 훨씬 컸는데, 알펜호른은 할아버지보다 20㎝는 더 길었지. 알펜호른은 긴 담배 파이프처럼 보이기도 했고, 손잡이 없는 나팔 같기도 했어.

나도 할머니와 함께 밖으로 나왔어.

할아버지가 깊이 숨을 들이마시더니 알펜호른 주둥이에 입을 가져다 댔어.

뿌우 뿌우 뿌으으 쁘우.

관객은 할머니와 나, 개집에서 쉬는 조니, 오두막 근처 풀밭에서 졸고 있을 가축들이었지. 화려한 무대 조명 대신 수많은 별빛이 반짝였어.

알펜호른 소리에 응답이라도 하듯, 어둠 속에서 소들이 '음매' 하고 울고, 조니가 짖는 소리도 들렸어. '차랑차랑' 워낭 소리도 맑게 울렸지. 알프스 때문에 가난했던 스위스 사람들이었지만, 그럼에도 여전히 알프스를 사랑할 수밖에 없겠구나 싶어 고개를 끄덕였지.

"수많은 별과 시원한 바람, 넓은 초원, 향긋한 풀 냄새…… 제가 《알프스 소녀 하이디》를 읽으며 상상했던 거랑 똑같아요."

하은이가 두 손을 모으고 눈을 감았다.

스페인.

하루에
다섯 번
밥을 먹는
나라가
있다고?

"내 생에 가장 많은 밥을 먹은 곳은 스페인이야. 너무 배고파서 울고 싶었던(사실 울었단다.) 곳 역시 스페인이지."

허풍선이 〈지리와 문화〉 강의를 시작했다.

몇 년 전 8월, 스페인에서였어. 새벽 3시가 넘어서야 숙소에 도착했지. 너무 졸려서 세수는커녕 옷도 갈아입지 않고 침대에 몸을 던졌지. 아마 잠든 게 아니라 기절했던 것 같아. 아무튼 이미지 뜨긴뜨긴한 것 같이시 감에시 꼈기든. 훨찍 얼린 기븐 시이로 따가운 햇볕이 쏟아지더라고. 햇빛을 피하려고 굼벵이처럼 위로 슬금슬금 기어 올라가도, 빙글 몸을 돌려 엎드려도 온몸에 꽂히는 햇볕을 피할 수 없었지.

'꼬르르르륵' 하는 소리와 동시에, 침대가 부르르 진동했어. 늘 열심히 일하는 내 위와 소장 속에 음식물은 없고 공기만 가득하다는 신호였지. 너희도 알다시피, 배에서 나는 소리는 소장이 꿈틀거리면서 음식물을 대장으로 내려보낼 때 나는 소리잖아.

나는 후다닥 일어나서 숙소 밖으로 나왔어. 숙소 근처엔 식당이 없다고 해서 식품점이나 편의점에서 빵, 음료수, 과일, 라면을 살 생각이었어. 햇살이 어찌나 강한지 저절로 눈살이 찌푸려졌고, 머리는 뜨거워졌어. 머리 위에 달걀을 깨면 분명 프라이가 되었을 거야.

나무 간판에 커피와 음식 접시가 그려진 카페를 찾았어. 그런데 카페 문이 잠겼더라고. 다행히 길 건너에 편의점이 보였어.

"안 돼! 문 닫는 편의점이 어디 있어? '24시간 편의점'이잖아! 설마, 오늘 이 동네 가게들이 단체로 쉬는 거 아냐?"

당황스러웠지. 배가 고프면 불안해지거든. 허둥지둥 길을 헤매다 겨우 찾은 빵집도 마찬가지였어. 그런데 닫힌 빵집 문 사이로 달콤한 빵 냄새가 솔솔 새어 나오는 거야.

"뭐지? 지금 휴식 시간인가?"

시계를 보니, 오후 12시 48분 25초를 지나고 있었어. 분명 한국에서는 한참 점심을 먹을 시간이야. 그러고 보니 길에 사람도 안 보였어.

나는 빵집 문을 두드렸어. 아무도 나오지 않았고 문도 열리지 않았어. 하지만 난 계속 두드렸어. '두드리라, 그러면 열릴 것이다.'라는 말이 있잖아. 그런데 갑자기 뒤에서 시큼한 냄새가 나는 거야.

휙, 뒤돌아보니 하얀 머리카락이 어깨까지 자란 남자였어. 한눈에 노숙자인 걸 알 수 있었지. 무의식적으로 가방을 가슴 앞으로 돌려 꽉 안았어. 스페인에선 소매치기를 조심하라던 누군가의 말이 떠올랐어.

하지만 남자는 내 방어 태세가 무색하게 아무렇지 않아 보였어. 얼굴을 덮은 수염 때문에 표정이 잘 보이진 않았지만 말이야. 땀을 닦는 척하며 잽싸게 남자를 훑어봤어. 반바지에 슬리퍼를 신었는데 윗옷은 티셔츠를 겹쳐 입은 것도 모자라 두툼한 점퍼까지 입었어. 칠레는 지역에 따라 여러 기후가 나타났는데, 이곳은 여름과 겨울이 동시에 나타나는 걸까? 꽁꽁 묶은 침낭을 얹은 낡은 배낭이 무거워 보였어.

난 강도나 소매치기를 당할까 신경이 쓰였어. 대단한 내 태권도 실력으로도 소매치기를 막을 순 없을 테니까. 나는 짐짓 여유 있는 척, 휘파람을 불며 천천히 걸었어. 길모퉁이를 돌며 잽싸게 고개를 돌려 남자의 동태를 살폈어. 윽, 남자가 따라왔어. 나는 맞은편에 보이는 공원을 향해 걸었어. 사람이 많은 곳에서는 감히 날 해코지하지 못할 거라 생각했지. 나는 공원 앞을 지나치는 척하다 휙 뒤돌아봤어. 가로수에 가려 남자가 보이지 않았어. 후다닥 공원 안으로 뛰어들었어.

마을 사람들이 몽땅 공원에 모인 건지, 벤치마다 사람들이 누워서 자고 있었어. 나무 아래에는 그늘을 찾아 돗자리나 겉옷을 깔고 잠든 사람도 많았지. 나는 공원 깊숙이 들어갔어. 마침 커다란 바위 앞에 빈 벤치를 발견했지.

여전히 햇볕이 뜨거운데 바위 그늘 아래 벤치는 시원했어. 스페인은 지중해성 기후야. 우리나라처럼 여름이 덥지만 습하지는 않아. 스페인 남쪽에 있는 사하라 사막에서처럼 공기가 하강하면서 뜨거워지기 때문이지. 그래서 햇볕이 뜨거운 한낮에도 그늘에만 들어가면 덥지 않아.

나는 가방을 베고 벤치에 누웠어. 배가 고파서 눈을 뜰 기운도 없는 건지, 아직 잠이 부족했는지 눈이 스르르 감겼지. 그러다

코에 익은 시큼한 냄새를 맡고는 실눈을 떴어. 아까 나를 따라오
던 남자가 잠든 내 모습을 들여다보고 있지 뭐야.

"으아아아악!"

나는 비명을 지르며 일어났어. 동시에 가방을 깔고 앉았지.

"시에스타(Siesta)요."

그가 옆에 앉았어. 여전히 무표정했어.

"시에스타는 'hora sexta'라는 라틴어에서 유래된 말입니다.
'여섯 번째 시간'이란 의미죠."

난 참 대단해. 어느 순간에도 지식을 뽐낼 수 있지.

"그렇소? 아무튼 동네마다 다르지만, 이곳 사람들은 오후 4시까지 시에스타라서 가게 문을 닫소."

"에엥? 시에스타인데 왜 가게 문을 닫아요?"

'어제 6시쯤 저녁을 먹고, 아직까지 밥을 못 먹었어. 그런데 3시간이나 더 굶어야 한다고?'

"도대체 왜, 음식을 안 팝니까?"

"낮잠 자니까. 어차피 한낮엔 너무 더워서 일의 능률이 낮잖소. 그러니 낮잠을 자고 일어나서 저녁까지 일하는 거지."

"안 돼!"

나는 두 손으로 볼을 감싸고 비명을 질렀어.

"아하하! 내 이름은 차콘이오."

내 얼굴을 보더니, 남자가 환하게 웃었어. 수염에 가려 보이지 않던 입이 커다랗게 벌어지고 누런 이가 드러났어. 차콘은 기대하라는 듯이 내 얼굴 앞에서 검지를 획획 흔들었어. 그러더니 배낭에서 미술 가방을 꺼냈어. 미술 가방엔 꽤 고급스러워 보이는 화집이 있었어.

"당신 얼굴에 슬픔과 고통이 가득하군. 이 그림이랑 아주 비슷해."

차콘은 표지 그림을 가리켰어. 피카소의 〈우는 여인〉이야.

'피카소가 스페인 화가였지'라고 생각하는 사이, 그가 다시 배낭에서 뭔가를 꺼냈어. 이번에 나온 건 종이봉투에 담긴 샌드위치였지. 차콘은 샌드위치를 신중하게 반으로 잘라서, 한쪽을 내게 건넸어. 그의 손톱에 낀 때를 걱정할 사이도 없이, 덥석 샌드위치를 베어 물었지. 쌉쌀한 올리브, 새콤달콤한 피클, 고소한 계란 프라이와 베이컨이 굶주린 혀를 마비시켰어. 꿀떡, 삼켜 버리고 말았지.

"더 주세요!"

나는 정신없이 차콘의 팔을 붙잡았어. 차콘은 남은 샌드위치를 다시 배낭에 넣으려 하고, 난 필사적으로 그의 팔을 잡았지. 볼 순 없었지만, 난 분명히 간절하고 애절한 표정이었을 거야. 하지만 차콘의 눈에도 절박함이 가득했어. 팔이 샌드위치를 지키느라 부들부들 떨렸거든.

"대신, 저녁밥을 사……."

어느새 내 손에 납작해진 샌드위치가 놓였어.

차콘은 스페인 미술에 대한 자부심이 엄청났어.

"스페인은 낮이 길어서 집 밖에서 시간을 많이 보내지. 그래서 미술이 발달한 것 같소. 입체파 피카소, 낭만주의 고야, 초현실주의 달리는 알지? 나도 그들처럼 스페인을 대표하는 화가가 되고 싶었다네."

"내 어릴 적 장래 희망은 돈키호테였습니다."

우린 스페인의 미술과 문학에 대해 이야기를 나눴어. 훌쩍 시간이 지났지. 약속대로 차콘에게 밥을 사기 위해 함께 바르에 갔어. 바르는 거리에서 흔히 볼 수 있는 소박한 음식점을 이르지.

이곳에 서서 혹은 작은 식탁에 앉아 가벼운 식사를 해.

스페인에서 식사 전에 술과 곁들여 간단히 먹는 음식을 타파스라고 한다. 그 종류가 매우 다양하며, 대표적으로 오징어 튀김과 문어 튀김 등이 있다.

우리는 타파스(술과 함께 먹는 간단한 식사)를 주문했어. 타파스는 식욕을 돋우기 위해 밥 먹기 전에 먹는 전채 음식이기도 해.

차콘이 돼지 다리를 소금에 절인 하몬을 넣은 크로켓, 올리브유에 야채와 해산물을 넣고 끓인 요리, 볶은 문어, 감자튀김, 찐 맛조개, 칠리소스 닭 날개 구이, 버섯볶음 그리고 전통 카스텔라를 시켰어.

"스페인 카스티야 지방이 카스텔라의 고향이거든."

차콘이 주문을 마치며 내게 윙크했어.

올리브를 넣은 음식이 많았어. 역시 유럽 지중해 기후를 대표하는 작물은 올리브지. 다행히 주문한 타파스는 다 맛있었어.

"이제 저녁을 먹으러 갑시다."

"또요? 벌써 10시가 넘었습니다."

"스페인 사람들은 햇볕이 가장 뜨거울 때 일을 하지도 않지만 정식으로 식사하지도 않소. 대신에 타파스를 먹지. 3시쯤 점심을 먹고, 그 후에 간단히 타파스를 먹지. 그리고 9시나 10시가 넘어서 저녁을 먹는 거요."

"하루에 5번이나 밥을 먹는다고요?"

"자네는 타파스가 아니라, 저녁밥을 산다고 약속했어. 그러니 얼른 가세."

뜨거운 햇볕에 아지랑이가 피던 거리는 언제 그랬냐는 듯 서늘해졌어. 해가 완전히 진 거리엔 시원한 날씨를 즐기는 사람들로 가득했지.

우린 파에야 전문 식당에 갔어. 파에야는 스페인식 볶음밥이야. 식당 한켠에 새우, 홍합, 마늘, 버섯, 양파, 피망 등을 잔뜩 넣은 파에야가 담긴 커다란 프라이팬이 있었어. 우리가 파에야를 주문하자, 직원이 그 프라이팬에서 2접시를 덜어 주었어.

챠콘 덕분에 스페인 문화에 대해 알 수 있었고, 맛집에서 아주 맛있는 음식도 먹을 수 있었어. 그에게 소매치기를 당할까 걱정했던 마음이 미안하지 뭐야.

챠콘에게 "화장실에 다녀올게요."라고 말하고 거리로 나왔어. 미술 용품 가게를 찾아 돌아다녔지. 바지 속주머니에 숨겨 둔

비상금으로 챠콘에게 새 스케치북, 미술 연필, 물감, 붓을 선물하고 싶었어.

제일 비싼 미술 도구를 담은 쇼핑백을 가슴에 안고 식당에 들어섰어. 수염 속에 가려진 입이 활짝 열리며 챠콘이 웃을 모습을 상상했어.

"어라?"

챠콘은 없었어. 챠콘의 배낭도 없었어. 아주 슬프게도 내 가방도 없었어. 그런데 챠콘은 아주 나쁜 사람은 아니었어. 자기 미술 가방은 두고 갔더라니.

종업원이 다가왔어. 그리고 영수증을 내밀었어. 42.5유로라 찍혔더군.

주머니를 뒤지니 5유로 지폐 1장과 2유로 동전 1개, 10센트 동전 5개가 나왔어. 챠콘의 미술 가방을 열었어. 텅 비어 아무것도 없었지.

진땀이 흘렀어. 종업원의 얼굴은 굳어졌지. 종업원 뒤로 상냥한 미소를 지은 매니저가 다가왔어. 나는 매니저에게 7유로 10센트를 건넸어. 그의 웃음이 슬그머니 사라지려는 순간, 난 식당 밖으로 달렸어.

"아휴, 도망을 가면 어떻게 해요?"

"그래서 경찰한테 잡혀갔어요?"

"사실 난, 몽골 말처럼 빠르단다."

허풍선의 말에 주영, 하은, 도담이 고개를 저었다.

난 숙소로 달려왔어. 챠콘의 미술 가방과 미술 용품을 침대
에 던져두고, 기타 가방을 들고 거리로 다시 나왔어.

나는 사람이 가장 많은 거리에 서서 기타를 쳤어. 난 어떤
악기라도 기가 막히게 연주할 수 있지.

처음엔 길을 가며 힐끗 쳐다보던 사람들이 하나둘 앞에 서
서 내 연주를 들었어. 사람들의 눈은 점점 커졌고, 눈물을 주르륵
흘리는 사람도 많았어. 연주를 끝내자 사람들이 손뼉을 치고 휘
파람을 불었어. 내게 다가와 악수하고 포옹하는 사람도 있었지.

마지막으로 그들은 내 기타 가방에 지폐를 넣었단다.

2시간 후, 기타 가방은 지폐로 가득 찼어. 너무 많아서 가방을 닫을 수도 없었지.

그렇게 기타 가방을 끌어안고 파에야 식당을 찾아갔어. 내 얼굴을 보자마자 매니저가 종업원 2명을 이끌고 내게 다가왔어. 얼른 가방에서 지폐를 한 뭉치 꺼내 매니저에게 건넸어.

"아깐 미안했습니다. 잔돈은 팁입니다."

나는 한쪽 어깨에는 통기타를, 다른 어깨에는 지폐로 가득 찬 기타 가방을 메고 거리로 나왔어. 시원한 스페인의 저녁 바람이 나를 맞았단다.

베트남.

요람에서
무덤까지
대나무와
함께

"난 고무줄놀이를 아주 잘한단다. 어렸을 때, 동네 골목에선 매일 여자아이들이 고무줄놀이를 했어. 그런데 동네에서 또래 여자아이는 7명이었기 때문에 짝이 맞지 않아서 나를 끼워 줬어. 사실 난 여자아이들이 고무줄놀이를 시작하면 고무줄을 끊고 도망칠 계획이었는데 말이야."

"여자 친구들에게 관심받고 싶어서 고무줄을 끊으려고 한 건 아니겠죠?"

"설마! 그런 기다버 싱빌 비 넵해!"

주영이와 도담이가 눈을 맞추며 고개를 끄덕였다.

"아무튼 막상 고무줄놀이를 해 보니 너무나 재밌는 거야. 고무줄을 잡은 두 손을 만세 자세로 쭉 올렸을 때, 그 고무줄을 발끝으로 슥 감아 내릴 때의 쾌감이란…… 남자들이 고무줄놀이를 하지 않는 건 정말 슬픈 일이야."

"오늘 베트남 문화에 대해 들려주시는 거 아녜요?"

도담이가 코끝에서 대롱거리는 안경을 올렸다.

"그렇지. 아, 그러니까 내가 몇 년 전, 베트남에서 겪었던 일을 소개하마."

베트남의 수상 마을에서 숙소로 돌아오는 길이었어. 길에서 여자아이들이 놀이를 하더군. 옆에서 지켜보니 우리나라 고무줄놀이와 비슷하더라고. 아이 10명이 둘씩 마주 보고 나란히 앉았어. 양손에 가늘고 긴 대나무봉 한쪽을 잡고 마주 앉은 아이가 다른 한쪽을 잡았어. 앉은 아이들이 알아들을 수 없는 노래를 부르며 두 손을 벌렸다 좁혀. 그러면 대나무봉 사이가 넓어졌다가 좁혀지지. 서 있는 2명은 첫 번째 대나무봉부터 맨 뒤 대나무봉까지 춤을 추며 대나무봉 사이를 지났어.

"아주 재밌어 보이는구나. 나도 끼워 주련?"

"아저씨를요? 우리 동네에서는 남자는 나이샵을 안 하는데……."

서 있던 두 아이 중에 한 아이가 우물거렸어. 천티항이란 아이야.

"에이, 놀이에 남자 여자 구분이 어디 있니? 난 고무줄놀이도 참 잘해. 이래 봬도 내가 대한민국 고무줄놀이 국가 대표 선수라고."

"그럼 같이 해요. 근데 대나무봉 사이에 발목이 끼면 아플 텐데……. 아파도 책임 안 져요."

천티항 옆에 선 웬티란이 냉큼 대답했어. 묘하게 웃는 게 의심스러웠지만 난 상관하지 않았어. 난 놀이 천재이니까, 이런 단순한 놀이를 못할 리 없다고 생각했지.

"2명씩 차례로 대나무봉을 건너는데, 아저씨는 짝이 없으니까 혼자 하세요."

"응."

나는 첫 번째 대나무봉 앞에 섰어.

아이들이 노래를 부르며 양팔을 벌렸다 좁히기를 반복했어. 대나무봉 사이의 폭도 계속 좁아졌다 넓혀졌어.

나는 첫 번째 대나무봉과 두 번째 대나무봉 사이가 벌어졌을 때 잽싸게 두 대나무봉 사이에 왼발을 넣었어.

"악!"

칠레의 와인 창고에서 악마를 만난 뒤로, 그토록 놀란 건 처음이었지. 대나무봉 사이에서 발을 빼기 전에 폭이 좁혀져서 발목이 대나무봉 사이에 끼고 말았어. 어찌나 아프던지 눈물이 줄줄 흘렀어.

"아저씨가 걸렸으니까 이제 술래를 바꿔요."

웬티란이 발목을 부비고 있는 내게 말했어. 아주 단호한 목소리였던 것 같아.

가장 앞에 앉은 두 아이 중에 한 아이가 내 눈치를 보며 슬그머니 일어났어. 내가 걱정되었는지, 아니면 좀 미안했는지 내게 다가와 어색한 미소를 지었어. 다른 아이들도 내 발목을 살펴봤어.

난 제일 앞에 앉아 대나무봉 끝을 잡았어. 그리고 노래에 맞춰 대나무봉을 잡은 양 팔을 넓혔다 좁혔어. 나는 노래를 모르니 맞은편 아이에 맞춰 팔을 움직였어.

나이샵은 간단한 놀이야. 대나무봉 사이에 발목이 끼이거나 대나무봉 사이에 발을 넣지 못하면 술래가 돼. 그럼 앉아서 대나

베트남은 아시아 동남부에 있는 인도차이나반도 동부에 위치한 사회주의 공화국이다. 위 지도에서 주황색 부분이 베트남 국토로, 동서로는 좁고 남북으로 긴 것이 특징이다.

무봉을 움직였던 2명씩 차례로 대나무봉 사이를 건너지. 놀이를 잘하는 아이들은 발은 대나무봉 사이를 건너면서 팔을 흔들며 춤을 췄어. 서툰 아이들은 대나무봉 사이에 발목을 끼었어. 울음을 터트리는 아이도 있었지.

다시 내 차례가 되었어. 노래는 처음보다 빨라졌어. 하지만 앞에서도 말했지만, 난 놀이 천재야. 무사히 첫 번째 대나무 봉부터 마지막 대나무 봉까지 갔다가 되돌아왔어.

그때 난 이미 대나무봉 놀이의 규칙을 깨달았거든. 그건 바로, 노래가 '3박자'라는 거야. 단단딱 단단딱 3박자에서 '딱'일 때 대나무봉을 움직여. 그러니 그때 나무 대나무봉 사이로 건너가면 되는 거지.

노래는 조금 더 빨라졌어. 단단딱단단딱. 역시나 내나무가 좁아지기 전에 대나무 사이에 발목을 넣었다가 다음 박자에 넓은 대나무 칸으로 발을 옮겼어. 노래는 더 빨라졌어. 난 서른여덟 번이나 대나무봉 사이를 뛰어다녔어. 땀이 분수처럼 솟고 숨이 턱에 찼어. 아이들 얼굴은 터질듯 빨개졌고 땀에 젖은 머리카락이 얼굴에 찰싹 달라붙었어.

하지만 놀이의 규칙에 푹 빠진 내 다리는 멈추지 않았어. 이러다 밤을 새우는 건 아닐까 걱정이었지.

그때 웬티란이 갑자기 2박자에서 대나무봉을 움직였어. 박자가 바뀌자 내 발목이 대나무봉 사이에 끼었고, 드디어 내 다리가 멈췄어.

"아악! 으, 고맙다, 웬티란!"

난 찔끔 새어 나온 눈물을 닦았어. 하지만 웬티란에게 절이라도 하고 싶은 심정이었어. 박수를 치는 걸로 봐서 다른 아이들도 웬티란에게 고마웠나 봐. 나와 아이들 모두 가쁜 숨을 쉬며 땀을 닦았어. 사실 베트남은 그냥 서 있기만 해도 더웠어.

"에휴, 베트남은 열대니까 당연히 덥죠."

도담이가 알은체했다.

"그렇지. 베트남의 기후는 열대 몬순(계절풍) 기후야. 열대 중에서 '몬순 기후'는 바다와 육지가 햇볕에 뜨거워지는 속도가 다르기 때문에 바람이 생기는 것이 특징이지. 여름에 육지가 빨리 데워지면 그 공기가 위로 올라가고 빈 공기층으로 해양의 고온다습한 공기가 불어오며 비가 와. 계절풍의 영향으로 여름에는 바다에서 습한 바람이 불어와 습윤한 기후인 우계가, 겨울에는 대륙에서 건조한 바람이 불어와 건계가 된단다. 베트남 국토는 칠레처럼 동서로는 좁고 남북으로 길어. 그래서 북쪽은 남쪽 지역과 기후가 조금 다르지. 그래도 일 년 내내 더운 건 남북이 마찬가지야."

"아, 우리나라는 1년이 사계절로 나뉘는데, 베트남은 건기와 우기로 나뉘는구나."

주영이가 중얼거리며 고개를 끄덕였다.

"오, 그렇지! 5월부터 10월까진 비가 많이 오는 우기, 11월부터 4월까진 비가 적게 오는 건기란다."

그때 시원한 바람이 불었어. 순식간에 땀이 식고 시원해졌
어. 역시 몬순 기후는 바람이 많아.

"야, 이제 그만하자."

웬티란이 아이들에게 말했어.

"그러자."

아이들이 기다렸다는 듯이, 후다닥 일어나려고 했어. 하지

만 너무 오랫동안 앉아서 다리가 저렸나 봐. 다들 얼굴을 찡그리
며 절뚝거렸어.

미안한 마음이 밀려왔어. 상대가 아이들이라는 걸 잊고, 놀
이에 너무 열중한 거야.

"애들아, 내가 시원한 과일 주스 살게. 자, 갑시다!"

"와, 감사합니다."

신이 나서 통통 뛰어가는 아이들을 따라 과일 주스 가게에
도착했어.

"뭘 먹지?"

주스 가게에는 다양한 열대 과일이 담긴 나무 상자들이 층
층이 쌓여 있었어. 망고, 노니, 패션후르츠, 바나나, 오렌지, 파파
야, 파인애플, 깔라만시가 있었지.

몽땅 다 맛있어 보이는 열대 과일을 고르는 행복한 순간이
었지. 그때 뒤에서 웬티란을 부르는 소리가 들렸어. 조금 화난 소
리였지.

"웬티란, 3시까지 집에 오라고 했잖아. 당장 와."

웬티란의 어머니였어. 어머니는 손에 가늘게 쪼갠 대나무살
을 들었어.

웬티란은 어머니와 우리를 번갈아 봤어. 얼굴에 아쉬움이
가득했지만, 어머니가 선 골목으로 달려 들어갔어.

"웬티란은 만날 일해요."

아이들도 아쉬워했어. 하지만 과일 주스를 선택할 땐 얼굴

에 다시 미소가 떠올랐지.

"천티향, 바나나 주스 먹을래?"

천티향은 진지하게 과일을 훑어보기만 하고, 쉽게 결정하지
못했어.

"우리 집에도 바나나가 많아요. 바나나풀이 있거든요."

천티향은 파파야를 선택했어.

"감사합니다. 잘 먹을게요."

아이들이 내게 고마움을 전했어. 그러곤 각자의 집으로 돌
아갔지.

나는 망고 주스를 한 잔 더 주문했어.

"한국 사람이죠? 저는 중국에서 왔습니다. 한국과 중국은
이웃 나라입니다."

가게 주인이 환하게 웃으며, 자기를 중국에서 온 '왕방'이라
고 소개했어.

"베트남 열대 과일의 맛은 최고죠. 하지만 중국에도 멋진 음
료가 있어요."

그렇게 나와 한참을 대화하던 왕방은 '대한민국 친구를 사
귀고 싶다'며 중국으로 날 초대했어.

"오, 감사합니다. 꼭 중국에 가겠습니다."

나는 망고 주스를 받아들고 웬티란이 사라진 골목으로 들어
갔어.

아이들 말대로 문이 활짝 열린 집 마당 안으로 웬티란이 보

베트남 전통 모자 논. 야자나무 잎이나 대나무를 엮어 만든 삼각형 모양의 모자. 열대 몬순 기후인 베트남에서 햇볕을 차단하거나 빗물 가리개로 사용되기도 한다.

였어. 웬티란은 어머니와 함께 마루에 앉아 논을 만들고 있었어.

논은 원뿔 모양의 모자야. 아오자이와 함께 베트남을 대표하는 전통 의상이지. 덥고 햇볕이 뜨거운 베트남에 꼭 맞는 모자야. 야자나무잎이나 대나무를 엮어 만드는데, 햇빛과 비, 바람을 막아 줘. 부채로 사용하기도 하고 바가지로도 사용하지.

"웬티란, 이것 좀 가져가서 먹어."

웬티란을 부르자, 웬티란의 어머니가 대신 밖으로 나왔어.

"들어오세요. 마을 아이들과 놀아 주셨다고요."

"제가 아이들과 놀아 준 게 아니고, 아이들이 저랑 놀아 준 겁니다."

나는 망고 주스를 웬티란에게 건넸어. 웬티란이 슬쩍 어머니를 쳐다보니, 어머니가 고개를 끄덕였어. 웬티란이 냉큼 주스를 받았어.

"저랑 놀아 주느라 아이가 늦게 집에 왔으니, 저도 일을 돕겠습니다. 어떻게 하는지만 가르쳐 주십시오."

웬티란의 집은 대나무살로 논뿐 아니라, 대나무 부채, 대나무 의자, 대나무 전등, 대나무 발, 대나무 광주리, 대나무 젓가락, 대나무 숟가락 등을 만들었어. 마루 한쪽엔 완성된 대나무 제품이 종류별로 차곡차곡 쌓여 있었지.

"저희 집안은 오랫동안 대나무 제품을 만들었어요. 저희 외할머니 집은 대나무 집이었죠."

웬티란의 어머니가 설명했어.

"제 할아버지는 벼농사를 지으셨습니다. 가을에 추수를 하고 한가해지면 대나무로 소쿠리, 복조리를 만드셨죠."

"아, 그렇군요. 대한민국은 1년에 1번 벼농사를 짓는다고 들었어요. 우리 베트남에선 2기작, 3기작을 하기 때문에 추수를 해도 농부들이 쉴 수 없어요. 추수 후에 곧바로 다시 논에 새 모를 심으니까요."

"우리 가족도 쉴 새 없이 대나무로 뭔가를 만들어요. 베트남엔 대나무가 아주 많거든요. 휴우."

웬티란이 어깨를 축 늘어뜨리며 한숨지었어. 하지만 손은 여전히 논을 만들고 있었지.

"수상 마을에 갔었는데 그곳 사람들은 대나무 배를 타더군요. 물에 가라앉지 않을까 걱정했는데 생각보다 튼튼했습니다.”

"투엔난 말씀이군요. 투엔난을 젓는 장대도 대나무였을 걸요?”

웬티란의 어머니가 웃었어.

"엄마는 대나무 피리를 잘 불어요. 저도 엄마만큼은 아니어도 잘 불고요.”

웬티란이 눈을 찡긋했어. 그러면서도 손은 쉬지 않고 논을 만들었어.

"베트남은 열대 몬순 기후예요. 대나무가 자라기에 아주 좋은 기후라더군요. 저는 대나무 없는 생활은 생각할 수도 없어요. '베트남 사람은 대나무 요람에서 옹알이를 시작하여 대나무 악기 연주로 세상과 작별한다.'는 말이 있을 정도랍니다.”

웬티란의 어머니가 완성한 논을 내게 건넸어.

"내가 웬티란의 도움을 받아 만든 거야. 너희들에게 보여 줄게. 잠깐만 기다려 줘.”

허풍선은 강의실 밖으로 나갔어.

"분명 선생님이 논을 보여…… 와!”

도담이가 소리를 질렀다.

허풍선이 커다란 대나무 배를 끌고 왔다. 베트남 전통 배, 투엔난이다. 허풍선은 투엔난에 타며 손을 흔들었다.

"투엔난에 타실 손님!"

"저요, 저요!"

하은, 주영, 도담이가 동시에 손을 들었다.

싱가포르.

벌금, 벌금, 또 벌금

"싱가포르에 가면, 꼭 두리안을 먹으라는 말을 들었어. 두리안 껍데기에는 뾰족뾰족한 가시가 돋았지만 그 속엔 잘 익은 바나나보다 훨씬 달콤하고 크림처럼 부드러운 알맹이가 있다는 거야. 별명이 '과일의 황제'라는데, 안 먹을 수가 없잖니? 오늘은 싱가포르에 도착하자마자 두리안 거리를 찾아간 이야기부터 시작해 볼까?"

두리안 카페도 있고 수레에 두리안을 쌓아 놓고 파는 상인도 많았어. 슈퍼마켓에서는 껍데기를 벗기고 알맹이만 포장해서 팔더군. 난 제철 과일을 통째로 먹어야 한다고 생각해. 그래서 커다란 두리안이 수북이 쌓인 수레 앞에 섰어. 두리안 중에서도 가장 맛있다는 마오산왕 두리안이야.

상인이 두리안 껍데기를 조금 쪼개서 그 속을 보여 줬어. 우리 동네 과일 가게에서도 수박을 사면 삼각뿔 모양으로 수박 조각을 꺼내서 잘 익었는지 보여 주는데 싱가포르도 다르지 않구나 생각했지. 쪼개진 껍질 사이로 진한 노란 색 알맹이가 보였어. 상인이 껍데기를 까서 알맹이만 준다는 건 거절했어. 두리안 껍데기를 까는 신성한 의식을 직접 치르고 싶었거든.

두리안은 달콤한 맛으로도 유명하지만 더 유명한 건 냄새래. 그런데 난 콧물감기에 걸려서 코가 꽉 막힌 상태였어. 그런데 이 코막힘에서 불행은 시작되었어. 으흐흑.

상인은 두리안을 담은 비닐봉지를 아주 꽁꽁 묶어 주었어. 난 그 봉지를 손가락에 걸고 호텔로 향했어. 걸을 때마다 두리안을 담은 비닐봉지가 앞뒤로 경쾌하게 흔들렸어.

리틀 인디아는 인도인들의 싱가포르 이주 역사와 함께한 곳이다. 19세기 후반 싱가포르에는 같은 영국의 식민지였던 인도인들이 일자리를 찾아 몰려들었다. 이주한 인도인들은 세란군 로드 부근에 살았고, 현재의 리틀 인디아가 형성되었다.

가는 길에 리틀 인디아가 나타났어. 그곳은 인도 같았어. 리틀 인디아는 싱가포르에 사는 인도 사람들이 모여 사는 곳이야. 인도 전통옷을 입은 인도 사람들을 볼 수 있지. 힌두교 사원도 있고, 카레 음식점, 피부에 다양한 그림을 그리는 헤나 가게, 인도 귀금속 가게, 인도에서 만든 스카프와 가방 가게 등이 이어졌어.

술탄 모스크는 싱가포르에서 가장 크고 오래된 이슬람 사원이다. 싱가포르 최초의 술탄인 술탄 후세인샤를 위해 1824년 세워졌다.

리틀 인디아를 지나니 분위기가 완전히 바뀌었어. 이번엔 황금빛 둥근 지붕이 눈에 확 띄는 술탄 모스크가 보였지. 술탄 모스크는 싱가포르에 사는 말레이 사람들이 예배를 보는 이슬람 사원이야. 술탄 모스크까지 가는 길에는 아랍 음식점, 아랍 카펫과 향수를 파는 가게들이 많았어. 인도 옆에 아랍이라니, 2개 나라를 연이어 방문한 기분이라고나 할까. 하지만 거기서 끝이 아니었지.

아랍 스트리트에 줄지은 아기자기한 건물들을 따라 걷다 보니, 어느새 새로운 풍경이 나타났어. 거리에는 붉은 등이 주렁주렁 달려 있었어. 한자로 쓴 간판들도 중국을 떠올리게 했지. 바삐 오가는 중국 사람들로 거리가 붐볐어. 이곳은 차이나타운이야.

스리 마리암만 사원. 싱가포르에서 가장 오래된 힌두교 사원으로 1827년에 세워졌다. 싱가포르 국립 기념물로 지정되어 있으며, 10월 말에서 11월경 '불 위를 걷는 축제'로 유명한 티미티가 열린다.

중국 도교 사원인 시안혹켕 사원의 화려한 조각상과 돌탑, 금빛 처마를 둘러보고 스리 마리암만 사원으로 향했어.

스리 마리암만 사원 입구는 문 위에 5층탑을 올린 것처럼 생겼어. 각 층마다 힌두교 신들의 조각상들이 세워져 있었어. 하나, 둘, 셋……, 열여덟……. 힌두교 신의 숫자를 세는 사이 소나기가 쏟아졌어. 싱가포르는 열대 우림 기후라 일 년 내내 덥고 비가 많이 와. 비를 피해 사원 안으로 들어갔어. 힌두교 신자들이 엄숙하게 기도를 하고 있어서 조용히 비가 그치길 기다렸어.

시원하게 쏟아지던 빗줄기가 금방 잦아들었어. 또다시 날씨가 변덕을 부릴지도 몰라서 얼른 전철을 타고 숙소로 돌아가기로 했어. 그런데 자꾸 부이잉 부이잉 하는 소리를 내며 파리가 얼굴에 날아와 부딪치는 거야. 에잇, 비닐봉지를 휘둘러서 파리를 쫓았어.

그때였어. 갑자기 배가 사르르 아파 오기 시작했지. 전철역 화장실까지 참았다간 대형 사고가 터질 것 같았지. 다행히 근처에 공중화장실이 있어서 정신없이 빈칸을 찾아 들어갔어. 마음이 확 놓이고 배에 힘을 주던 그 순간, 부이잉 하는 소리를 내며 파리가 내 귀를 스쳤어.

"으악!"

소리를 지르며 귀를 털었어. 연신 비비는 앞다리를 보니 붉은 액체가 묻어 있었어. 계속 따라온 그 파리가 분명했어. 아마 등이나 어깨에 붙어서 날 따라온 거겠지.

그런데 이 파리가 계속 내게 달려드는 거야. 하지만 나는 변기에서 엉덩이를 뗄 수가 없잖아. 계속 팔을 휘두르며 파리를 쫓을 수밖에 없었지. 내 기세에 파리가 밖으로 나갔나 싶어 안심하던 순간, 내 바지 속으로 기어 들어오는 파리를 발견했어. 소름이 쫙 끼쳤어. 얼른 볼일을 끝내고 화장실 밖으로 나가고 싶은 마음뿐이었지.

변기 물도 내리지 못하고 가방과 두리안이 든 비닐봉지를 휘둘러 파리를 쫓으며 화장실 칸 밖으로 나왔어. 손을 씻고 세수도 했어. 특히 귀를 박박 문질렀어.

그런데 옆에서 서성이던 남자가 내가 사용했던 화장실 칸

안을 살펴보는 거야. 그러더니 굳은 얼굴로 내게 다가왔어.

"안에 똥파리가 있죠?"

멋쩍어서 남자에게 말을 걸었어. 남자는 굳은 표정으로 벽을 가리켰어. 벽에는 붉은 경고판이 붙어 있었어. 'no flushing 1,000$(화장실 물 내리지 않으면 범칙금 1,000달러)'

남자는 내게 범칙금 고지서를 줬어.

"경찰입니다. 선생님은 볼일을 보고 화장실 물을 내리지 않았습니다. 벌금은 1,000달러를 내십시오."

고지서를 받자, 다시 경찰이 내게 고지서를 줬어. 한 손으로는 콸콸 쏟아지는 세면대 수돗물과 그 앞에 붙은 경고판을 가리켰지. 'water wasting 1,000$(물 낭비하면 범칙금 1,000달러)'라 적혀 있었어.

"잠깐 대화하느라 물을 틀어 놓은 겁니다."

당신한테 말을 하느라 수도꼭지 잠그는 걸 깜박했을 뿐이라 항의했지만, 경찰은 단호하게 고개를 저었어. 으흑, 범칙금을 또 내라고?

고지서 2장을 주머니에 쑤셔 넣고 화장실 밖으로 나왔어. 관광할 마음이 싹 가셔서 근처 차이나타운 역에서 전철을 타고 호텔로 돌아가기로 했지.

싱가포르의 전철은 우리나라만큼 깨끗했어. 오호! 빈자리도 제법 있더군. 그런데 자리에 앉자 같은 칸에 탄 승객들이 코를 막거나 숙덕거리는 거야. 무슨 일인가 해서 주변을 둘러봤지만 특별한 일은 없었어. 그래서 벽에 머리를 기댄 채 눈을 감았어. 그리고 깊이 숨을 들이마셨다가 천천히 내뱉었어. 그제야 범칙금 고지서 2장의 충격에서 벗어날 수 있었지.

"선생님, 이번 역에서 내리시지요."

눈을 뜨니, 어떤 여자가 내 앞에서 어색하게 웃고 있었어.

"아뇨. 저는 다음 역에서 내리는데요."

"저는 경찰입니다. 함께 내리시지요."

"와, 싱가포르에는 경찰이 엄청 많네요."
"아냐, 싱가포르엔 법이 엄청 많은 거야."
"법도 많고, 경찰복을 입지 않은 경찰도 많아. 아휴,
그 이유를 눈치 챘어야 했는데……."
　도담이와 주영이의 말에 이어, 허풍선이 깊게 한숨
쉬었다.

　경찰을 따라 역에 내렸어. 경찰은 승강장 벽을 가리켰어. 저
절로 눈이 질끈 감겼어. 경찰이 벽을 가리킬 때마다 어떤 일이
벌어졌는지 잘 아니까 말이야!
　"흠흠!"
　옆에서 경찰이 헛기침을 했어. 벽을 보라는 신호였지. 실눈
을 떴어. 슬픈 예상은 대부분 맞더라고. 역시 범칙금 표지판이 떡
하니 붙어 있는데, 세상에나 두리안을 가지고 전철을 타면 범칙
금 500달러를 낸다고 적혀 있었어.
　'경고문 그림 속 두리안은 마치 수류탄처럼 생겼군.'
　이런 생각을 하는 사이, 경찰도 내 여권을 보며 내가 머무는
곳의 주소를 물었어. 그리고 역시나 범칙금 고지서를 주었어.
　"두리안을 가지고 전철 역 밖으로 나가십시오."
　경찰은 내게 경고하고는 승강장 안으로 들어오는 전철을 타

고 유유히 떠났어.

또 다른 경찰이 와서 내게 두리안 반입 금지 경고판을 가리키며 범칙금 고지서를 주기 전에 전철역을 벗어나야 했어. 길을 몰라 한참을 헤매다 겨우 호텔을 찾았어.

반가운 마음에 호텔로 서둘러 들어가려는데, 아뿔싸! 호텔 입구에 '두리안 반입 금지'라는 빨간 경고문이 붙어 있는 거야. 하지만 고생고생하며 가져온 두리안을 포기할 수는 없었지.

두리안을 가슴에 품고 후다다닥 호텔 안으로 뛰어들어서 계단으로 날랐어. 한 번에 3계단씩 뛰어올라서 내 방에 도착했지. 다행히 계단과 복도에선 아무도 만나지 않았어.

범칙금으로부터 안전한 내 방에 도착하자 긴장이 확 풀리고 다리에 힘도 풀렸어. 탁자에 두리안을 담긴 비닐봉지를 내려놓고 소파에 털썩 주저앉아서 눈을 감았어. 다시 마음이 가라앉고 평온해졌지. 그런데 등이 간지러운 거야. 땀방울이 흐르나 싶어서 셔츠 뒤를 잡고 흔들었어. 셔츠 속으로 바람이 들어가니 시원했지. 그 순간 부이잉 하는 소리가 났어.

"으으윽, 소름! 셔츠 속에 파리가 들어간 거죠? 앞다리에 붉은 액체가 묻은 그 파리요!"

주영이가 몸서리를 쳤다.

"응."

허풍선도 몸서리가 쳐졌다.

파리 소리를 들으니 소름이 돋았어. 재빨리 셔츠를 벗어서 발코니로 나가 털었지. 정말 파리가 셔츠 안에서 나와 날아가는 거야. 팔에 돋은 소름은 여전했지만, 이제 더는 놀랄 일이 없을 거라 생각했어. 하루에 겪을 만한 불행은 이미 다 겪었다 생각했지. 이제 과일의 황제 두리안을 먹으며 피곤과 범칙금의 우울함, 똥파리에 놀란 가슴을 달래기만 하면 되는 거야.

두리안은 껍데기가 두꺼워서 까기 어려웠어. 하는 수 없이 군대에서 벽돌을 깬 '격파' 실력을 발휘했어. 말랑말랑하고 샛노란 알맹이를 접시에 담았지. 소파에 양반다리를 하고 앉아, 드디어 과일의 황제를 맛보는 순간이 온 거야.

"딩동."

벨이 울렸어.

"누구세요?"

두리안을 입에 넣을까, 손님을 먼저 맞을까 고민했어.

"호텔 직원입니다. 문 좀 열어 주십시오."

나는 두리안을 내려놓고 방문을 열었어.

미소를 띤 호텔 직원 옆에 경찰이 섰어. 이번엔 경찰복을 입고 있어서 단번에 알아볼 수 있었지.

"혹시 좀 전에 윗옷을 벗고 계셨나요?"

경찰이 물었어.

"세상에, 옷 속에 파리가 들어갔지 뭡니까? 어찌나 놀랐던지."

"그렇군요. 옷을 벗고 있었다는 것을 인정하신 겁니다."

경찰은 익숙해진 범칙금 고지서를 내게 건넸어.

"누군가 고객님이 윗옷을 벗고 있다고 경찰에 신고했답니다. 집 안에서 옷을 벗고 있는 모습을 다른 사람에게 보이면 불법이니까요."

호텔 직원이 난처한 듯 두 손을 모았어. 그리곤 내게 속삭였어.

"두리안 냄새가 나는군요. 이번 한 번만 봐 드리겠습니다. 메,|ㅣ ━다,।! ᆸ내기는 뭉ᆸ 싸서 쵸텔 뱌세 버러수싀오."

너무나 많은 싱가포르의 법에 막힌 코가 뻥 뚫릴 만큼 어이가 없었어. 하지만 그 덕분에 두리안을 가지고 다니면 안 되는 이유를 알게 되었지. 두리안은 음식물 쓰레기 썩는 냄새가 나더라고. 하지만 그 맛은 정말 부드럽고 달콤했어.

두리안으로 배를 채우고 밖으로 나왔어. 칭 게이 퍼레이드가 열리는 날이었거든. 칭 게이 퍼레이드는 싱가포르에 사는 여러 민족들이 전통 의상을 입고 공연을 하며 행진하는 축제야. 아무리 범칙금에 속상해도 1년에 단 한 번 열리는 칭 게이 퍼레이드를 놓칠 수는 없잖아.

구경꾼들이 거리 양쪽에 가득하고, 드디어 퍼레이드가 시작되었어. 싱가포르에 사는 다양한 민족들이 전통 의상을 입고 전통 춤을 추며 행진했어. 자기 민족을 상징하는 조형물도 멋졌지. 퍼레이드에 참가한 사람들도, 구경꾼들도 흥겹게 노래 부르고

환호하며 퍼레이드를 즐겼어. 드디어 화려한 불빛으로 장식한 머라이언 조각상을 태운 차가 나타났어. 머라이언은 상체는 사자, 하체는 물고기인 전설의 동물이야. 싱가포르를 상징하는 동물이지.

청 게이 퍼레이드가 끝나고 시원해진 밤공기를 맡으며 호텔로 걸었어. 주머니에 손을 넣었는데 꼬깃꼬깃해진 껌 하나가 나왔지. 하지만 껌을 다시 집어넣었어. 가로등 아래에 '껌 금지'라는 경고문이 붙어 있었거든. 이번엔 화가 나지 않았어. 싱가포르에 이렇게 법이 많은 이유를 이해했으니까.

"왜 많은데요?"

"싱가포르는 서울보다 조금 커. 그 작은 나라 안에 중국, 말레이, 인도, 아랍 등의 민족이 함께 살아. 민족마다 종교와 풍습, 생각이 서로 다르지. 그런데 자기 민족만 내세우면 어떻게 되겠어? 같은 나라 사람이지만 종교가 달라서 서로 죽고 죽이는 전쟁을 벌이는 나라들 누 많아. 하시만 싱가푸르는 법과 규범을 많이 만들고, 법을 어기면 엄하게 처벌해. 종교, 풍습이 달라도 법은 똑같이 지켜야 하잖아. 그래서 국가의 질서를 잡고 안전한 국가를 만든 거지."

"흠. 우리나라에 사는 외국 사람도 점점 많아진대요. 법을 더 많이 만들어야 할까요?"

주영이가 고개를 갸웃했다.

중국.

물 대신
차를
마시는
사람들

"나는 '도전' 때문에 가끔 고통을 겪지."

"저희도 알아요. 이번엔 어떤 도전을 했는데요? 라면 20개 먹기……?"

허풍선의 말에 도담이가 눈썹을 살짝 올렸다 내렸다.

"오, 비슷해! 오늘은 그런 도전을 하나 소개할게. 중국에서의 일이었어."

허풍선이 교실 창밖으로 시선을 돌렸다. 중국에서 날아온 황사와 미세먼지로 하늘이 뿌옜다.

몇 년 전 베트남에서 만난 왕방이 중국 북경으로 나를 초대했어. 베트남에서 만난 뒤에도 서로 연락을 하며 꽤 친해졌지.

나는 중국에 간 김에 다례를 배우고 싶었어. 다도라고도 불리는 차 마시는 예절 말이야.

"와! 이 많은 다기를 다 사용하는 거야? 이렇게 차 종류가 다양해?"

왕방의 집 거실에 진열된 다기와 차호를 보고 깜짝 놀랐어. 한쪽 벽 전체에 다기와 차호가 진열되어 있었거든. 참, 다기는 차를 마시는 데 사용되는 모든 도구를 말해. 차호는 차를 담는 통이고.

"난 차를 좋아하거든. 자, 여기에 앉아."

왕방이 황금색 방석을 가리켰어. 방석 앞엔 둥근 작은 나무 탁자가 있었어.

나는 방석에 앉아 앞에 놓인 둥근 나무 탁자를 쓰다듬었어. 탁자는 옻칠이 살짝 벗겨진 곳도 있었지만 잘 닦여서 반질반질 윤이 났어.

"흠흠, 차를 준비하겠습니다."

왕방이 헛기침을 하더니 아주 정중하게 말했어.

"네. 감사합니다."

왕방의 말투에 맞춰 나도 점잖게 대답했어.

왕방이 주방에서 보온병을 들고 왔어. 그러곤 진열장에서 녹차가 담긴 차호를 꺼냈어. 다기는 백자 세트를 선택해서 다반에 올렸어. 다반은 다기를 올려놓는 쟁반이야.

왕방은 천천히 보온병의 뜨거운 물을 숙우에 담았어. 숙우는 뜨거운 물을 살짝 식히는 그릇이야. 숙우의 물은 다관에 부어서 다관을 데웠어. 다관은 차를 우리는 주전자야. 그러더니 다시 다관의 물을 찻잔에 부어 찻잔을 데웠지. 찻잔을 데운 물은 퇴수기에 버려.

그러더니 다시 뜨거운 물을 숙우에 부어. 그 다음엔 차칙으로 녹차를 덜어서 다관에 넣었어. 차칙은 차를 더는 대나무 숟가락이야. 숙우에 담긴 물을 다관에 부어. 1분쯤 지나 우러난 차를 숙우에 옮겨. 드디어 차를 마실 수 있어. 숙우에 담긴 차를 찻잔에 따르거든. 휴, 차를 마시는 과정이 좀 복잡하지?

"색이 참 곱습니다. 향도 좋군요. 이 차가 녹차죠?"

나는 왕방을 힐끔 곁눈질하며 따라했어. 오른손으로 잔을

전통적인 중국의 다도 모습. 다반에 다관, 숙우, 차호 등을 올려놓았다.

들고 왼손으로 찻잔을 받쳐서 홀짝 마셨어. 잔이 뜨겁고 작아서 차를 쏟을까 봐 조심조심했어.

"네. 녹차는 중국에서 가장 많이 재배하는 차입니다."

왕방이 다관을 들어 내 잔에 녹차를 다시 따랐어.

나는 커피, 술을 좋아하지 않아. 대신 차를 마시지. 요즘엔 보리차, 인삼차, 유자차, 매실차, 옥수수차, 국화차 등도 '차'라고 부르지만 원래 '차'는 차나무의 잎을 말해. 차나무 잎을 우리거나 끓여 마시는 음료도 '차'라고 하지.

"오래전에 텔레비전에서 차마고도를 소개하는 다큐멘터리를 봤습니다. 차마고도에서 '차'가 마시는 차라는 걸 알고 아주 신기했습니다."

나는 조심스럽게 잔을 다시 들어 홀짝 마셨어. 왕방은 한잔을 세 번에 나눠 마셨는데, 난 홀짝 마셔도 잔이 비었어.

"중국의 차는 워낙 유명해서, 옛날에 중국의 차와 티베트의 말을 바꿨지요. 티베트의 말을 사러 중국의 차를 싣고 가던 길이 차마고도입니다. 그 당시엔 차를 화폐처럼 사용하기도 했다더군요. 중국의 실크를 사고파는 상인들이 다니던 길을 실크로드라고 하듯 차를 사고파는 길이 차마고도인 거죠."

왕방은 이야기를 하면서 동시에 보온병에서 뜨거운 물을 숙우에 담고 다시 그 물을 다관에 따랐어.

'설마 내게 또 차를 따라 주려는 걸까?'

"허허허. 차를 마시니 마음이 편안해집니다. 허허허."

정말 이상하게도 따뜻한 차를 마시자 마음이 편해졌어.

"차를 준비해서 마시는 동안 마음을 다스릴 수 있습니다. 마음이 편안해지고 머리도 맑아지죠. 자신의 말과 행동을 되돌아보고 생각도 깊어지고요. 그래서 다례라는 것도 발달한 거죠."

역시나 왕방은 녹차를 내 잔에 가득 따랐어. 김이 솔솔 올라왔지.

"그런데 세계에서 물 다음으로 많이 마시는 음료가 차입니다. 특히 중국 사람에게 차는 물과 같죠. 우린 어딜 가든 차와 다기를 들고 갑니다. 차를 담은 보온병을 가지고 다니기도 하죠. 어디에서나 차를 우릴 뜨거운 물을 구할 수도 있고요."

왕방도 녹차를 한 모금 마셨어. 그리곤 내 잔이 비어 있는 것을 보곤 서둘러 내 잔에 다시 녹차를 따랐어.

'혹시 왕방이 나를 시험하는 걸까? 내가 자기보다 먼저 화장실에 가는지.'

갑자기 내 머리는 복잡해졌어.

"중국 사람들이 물처럼 차를 마신다고 하셨는데 그 이유가 뭡니까?"

나는 내 빈 잔을 슬쩍 손바닥으로 가리고 왕방에게 물었어.

"중국 북경은 물속에 석회질이 많아요. 그냥 마시면 배탈이 넘니니 ㅣ내시 사를 넣어 물을 끓여 마십니다."

"아하! 그렇군요. 우리 대한민국에서도 봄만 되면 중국의 황사가 날아와서 기관지가 붓고 눈이 따갑습니다. 중국에는 사막이 많습니다. 그리고 바다와 멀리 떨어진 지역이 많아서 건조합니다. 그러니 모래바람이 심하고 물속에는 석회질이나 중금속이 많을 수밖에요. 공기가 건조하니 중국 사람들도 차를 많이 마실 거고요."

하하하하. 내 지식을 뽐낼 수 있어서 얼마나 기뻤는지 모른단다. 하지만 곧 내 잔에 녹차가 가득 담긴 것을 발견하고 당황하고 말았어.

'질 수 없지, 도전!'

결심하며 녹차를 홀짝 마셨어. 뜨거운 차를 급히 마시는 바람에 식도가 타는 것 같았지만 눈을 부릅뜨고 꾹 참았어.

"그리고 우리 중국 사람은 기름진 음식을 많이 먹습니다. 돼지기름에 볶고 튀기는 음식이 많죠. 하지만 차를 많이 마시기 때문에 비만인 사람은 별로 없답니다. 차에 있는 성분이 기름, 지방을 분해해서 몸 밖으로 배출되게 하니까요."

왕방은 차에 대해 계속 설명했어. 하지만 난 그의 손에 집중하느라 제대로 들리지 않았어. 왕방은 보온병의 뜨거운 물을 숙우에 따랐어.

'오냐, 내가 그 보온병의 뜨거운 물이 몽땅 녹차가 되더라도 끝까지 마셔 주마.'

나는 결기를 다졌어.

"나는 중국의 차 때문에 생긴 역사적인 사건을 알고 있습니다. 중국과 영국이 아편 전쟁을 한 원인도 사실은 차 때문이죠."

나는 왕방이 내 잔에 녹차를 따르자마자 녹차를 입에 털어 넣었어. 역시나 눈물이 핑 돌고 비명이 터지려고 했지만 꾹 참았어. 이제 왕방은 내가 꺾어야 할 도전자로 보였어.

"그렇습니다. 나 역시 차 때문에 중국과 영국, 미국의 역사가 바뀌었다고 생각합니다."

왕방은 잔을 들어서 녹차의 향을 맡은 다음 천천히 녹차를 마셨어. 그리고 자기 잔에도 녹차를 따랐어.

"영국 사람들은 중국의 차를 아주 좋아했습니다. 영국도 물에 석회질이 많이 섞여 있습니다. 그래서 영국 사람들은 찻잎을 많이 발효시킨 홍차를 좋아합니다. 동양 사람은 찻물이 붉어서 홍차라 부르고, 서양 사람은 찻잎이 검어서 '검은 차(black tea)'라 부르죠."

왕방이 설명을 마치고 다시 녹차를 마셨어. 처음 녹차를 마
실 때와 똑같은 모습이었지.

"그래서 중국의 차를 많이 수입했는데 중국 사람들은 영국
상품에 관심이 없었어요. 영국은 수출 적자였죠. 자기네 상품을
수출하려고 중국에 간 건데, 되레 중국의 상품만 수입하게 된 겁
니다. 그러자 영국은 중국 사람들에게 아편을 팔았습니다. 중국
사람들은 아편에 중독되었고요. 아주 비열한 짓이었죠. 그래서
아편 선생이 벌어졌고……, 흑!"

왕방의 말을 이어 내가 지식을 뽐냈어. 그런데 내 세계 역사
지식은 뛰어나고 도전 정신도 강렬했지만, 배는 그렇지 못했어.
방광이 터질 듯했지. 당장 화장실로 달려가고 싶었어. 하지만 내
오기도 강렬하게 솟구쳤어. '왕방보다 먼저 화장실에 갈 순 없
다'는 어리석은 오기!

슬금슬금 배가 아팠고 오줌을 누고 싶어서 몸이 꼬였어. 난
배에 힘을 빡 주고는 버텼어.

"중국이 졌죠. 그래서 100년 동안 홍콩을 영국에 빼앗긴 겁
니다."

왕방은 자신의 잔에 녹차를 따르고 내 잔에도 녹차를 따
랐어.

나는 왕방이 녹차를 마시는 모습을 노려봤어. 아무리 비싸
고 귀한 녹차라 할지라도 더 이상은 고맙지 않았어. 녹차가 미웠

고 왕방도 야속했어. 왕방은 의아한 표정을 지었지만, 곧 아무 일도 없다는 듯 편안한 표정으로 녹차를 마셨어.

'좋아, 나도 마신다!'

홀짝 녹차를 마시고 싶었지만, 그랬다가는 내 배가 놀라서 실수를 할 게 뻔했어. 그래서 입에 머금은 녹차를 조금씩 삼켰어. 배가 터질 듯한 고통과 공포로 온몸에 소름이 돋았지만, 녹차의 향과 맛을 더 잘 느낄 수 있었어.

왕방은 내 도전 따위 아랑곳하지 않겠다는 듯, 보온병의 뜨거운 물을 다관에 담았어. 그러곤 다시 내 잔과 자신의 잔에 녹차를 따랐어. 분명 그 보온병은 따라도 따라도 끝없이 뜨거운 물이 솟아나는 온천 같은 기능이 있었을 거야.

"미국 역시 마찬가지입니다. 영국 식민지였던 미국은 영국이 미국에 수출하는 홍차에 세금을 너무 높게 매기자 화가 났습니다. 미국인들이 영국 배에 실린 차를 바다에 던져 버렸죠. 이 사건이 보스턴 차 사건입니다."

왕방은 다관에 다시 뜨거운 물을 부었어. 그 보온병뿐 아니라, 그 녹차도 우리고 우리고 우려도 계속 맛과 향이 우러나오는 마법 차였을 거야.

"그 보스턴 차 사건 때문에 미국 독립 전쟁이 시작된 거죠. 덕분에 미국은 영국으로부터 독립했고 지금은 세계에서 가장 강한 국가가 되었고요."

나는 왕방이 내 잔에 차를 더 이상은 따르지 않길 바라며 배

보스턴 차 사건. 1773년 미국 식민지의 주민들이 영국 본국으로부터의 차 수입을 저지하기 위해 일으켰던 사건이다.

에 힘을 줬어. 얼굴에 소름이 돋고 온몸의 땀구멍에선 진땀이 흘렀어. 하지만 왕방은 여전히 잔잔한 미소를 머금고 있는 거야. 아! 그때 내게 큰 깨달음이 찾아왔어. 역시 차를 마시면 정신이 맑아지나 봐.

"어떤 깨달음이요?"
"오줌은 참으면 안 된다는 깨달음이지, 뭐."
하은이 말에 도담이가 허풍선 대신 냉큼 대답했다.
"아냐. 몽골 사람들이 손님에게 수테차를 계속 주는 게 예의인 것처럼 중국에서도 그런 예의가 있는 걸 거야, 그죠?"

주영이가 자신만만한 표정으로 허풍선을 바라봤다.

"맞아. 주영이가 몽골 이야기를 잘 기억하고 있구나. 왕방은 날 놀리는 게 아니라 예의 바르게 대접했을 뿐이지."

다시 왕방이 보온병에 담긴 뜨거운 물을 다관에 부었어.

"화장실을 사용해도 되겠……, 습……, 니까?"

왕방이 가리키는 방향으로 비틀비틀 걸어가서 화장실에 도착했어. 볼일을 보고 나니, 얼마나 행복하고 안심이 되던지.

나는 손을 씻고 세수도 했어. 오줌을 참는 동안 흘린 식은 땀을 깨끗이 씻고 싶었어. 세수를 하고 고개를 들어 세면대 위 거울을 봤는데 여기저기에 하얀 얼룩이 보였어. 수돗물에 든 석회질이 얼룩을 남긴 거야.

화장실에 다녀온 뒤에도 여전히 차를 마셨어. 이번엔 꽃잎이 아름다운 화차를 마셨어.

차를 다 마시고 왕방의 집을 나와 숙소로 향했어. 지나가는 사람들이 뭔가 즐거운 일이라도 있는지 키득거리며 나를 지나쳤어. 어디에서 코미디 공연이라도 한 걸까?

숙소로 돌아왔어. 복도 끝에 거대한 전기 보온병이 놓인 게 눈에 띄었어.

내 방에 들어와 화장실에 들어갔어. 비로소 길에서 만난 사람들이 왜 웃었는지 알았어. 내 얼굴은 밀가루를 뒤집어쓴 듯 하였거든. 나는 두 손으로 얼굴을 슥슥 문질러서 석회질을 닦아 내고는 편의점에 갔어. 생수가 아주 많이 필요할 것 같았지.

"예전에 중국 북경 지역 물엔 석회질이 많이 들었었군요. 그래서 수돗물 대신 차를 끓여 마셨나 보다."
주영이가 고개를 끄덕였다.
"맞아. 독일 사람들이 맥주를 만든 이유도 물에 석회질이 많이 시레. 책에서 봤어."
도담이도 고개를 끄덕였다.
"스위스는 알프스 빙하가 녹은 물을 마신대. 그래서 물이 깨끗하대."
하은이도 고개를 끄덕였다.
"여러분. 이제 더 이상 가르칠 것이 없소. 하산하시오!"
허풍선이 박수를 치며 웃었다.

독일.

독일인은 왜 독서광이 되었을까?

"영국은 비와 안개로 유명하지? 독일도 영국 못지 않게 비가 자주 내리고 흐린 날도 많아. 독일 날씨 덕분에 난 장인(마에스터)이 되었어. 독일에 다녀온 후, 어느 누구도 '젠가'에서 날 이기지 못했지. 나보다 목각 인형을 섬세하고 깔끔하게 만드는 사람도 없지. 그뿐인가? 우리 집 가구와 부모님 댁 가구들도 몽땅 내가 만들었어. 다 독일의 날씨 덕분이야."

"어머. 독일에서 비 올 때 벼락을 맞으셨나 봐."

하은이가 주명이 뒤에 속삭였다

주영이가 힐끗 허풍선을 보더니 입을 막고 웃음을 참았다.

"틀렸다, 이 녀석아. 내가 벼락을 맞은 나라는 베트남이라니까."

허풍선이 강의를 시작했다.

중학생 때 선생님이 독일 철학자 칸트에 대해 들려주신 이야기가 있어. 칸트는 세계적인 철학자로 유명하지만 그 마을 사람들에겐 시계로 유명했대. 매일 같은 시간에 산책을 나와서 마을 사람들이 칸트가 산책 나오는 모습을 보고 시간을 맞췄다는 거야. 그러면서 독일은 평평하고 울창한 숲이 있는 지역이 많아서인지 산책을 하는 사람이 많다고 하셨지. 독일에 칸트뿐 아니라 헤겔, 쇼펜하우어, 마르크스, 니체, 하이데커 등의 철학가와

독일에는 평평하고 울창한 숲이 많다.

괴테, 실러, 릴케, 헤르만 헤세, 하웁트만 등의 문학가와 베토벤, 바흐, 헨델, 슈만, 바그너, 브람스 등의 음악가들은 독일 숲을 거닐며 깊은 사색을 한 끝에 걸작을 만들었을 거라고 하셨어.

그때부터 난 독일에 가야만 하는 운명을 느꼈어. 독일의 숲을 산책하며 위대한 이야기를 쓸 꿈에 부풀었지. 〈백설공주〉, 〈헨젤과 그레텔〉, 〈빨간 모자 소녀와 늑대〉, 〈라푼젤〉, 〈잠자는 숲속의 공주〉는 독일 그림 형제가 정리한 이야기야. 모두 숲이 배경이지. 내가 〈돈키호테〉 다음으로 좋아하는 소설이 〈허풍선이 남작의 모험〉이야. 한 번만 읽어도 절대 잊히지 않는 재밌는 이야기들이 가득하지. 내 이름과 똑같아서 더 좋기도 하고. 또 내가 읽고 나서 두려움에 잠을 설치다, 겨우 잠이 들었는데 악몽을

꿔서 이불에 오줌을 싸게 했던 〈하멜른의 피리 부는 사나이〉역
시 독일에서 전해진 이야기야.

가을이 끝나 갈 무렵이었어. 아침 일찍 일어났지. 내가 살던
마을엔 빵 장인이 있어서 아침마다 쫄깃하고 부드럽고 고소한
식빵을 샀어. 오랜 시간 열심히 실력을 익혀서 한결같은 솜씨를
발휘하는 장인은 독일 사람들의 존경을 받아. 소시지 장인도 있
어서 매일 맛있는 빵과 소시지로 입이 행복했지. 스위스에서 목
축을 했듯, 독일도 마찬가지야. 특히 돼지고기로 만든 소시지가
유명하지.

아무튼 빵과 소시지로 아침을 먹자마자 날씨를 살폈어. 창
에 서리가 내려서 밖이 잘 안 보이기에 입김으로 호호 불어 서리

를 녹였어. 밖은 아직 어두웠어. 하지만 난 도시락을 싸서 언제라도 산책을 나갈 수 있게 준비했어. 아침에 먹고 남은 빵 4덩어리, 소시지 3종류, 따듯한 우롱차를 담은 보온병, 돗자리까지 배낭에 넣었어. 재밌는 이야기 소재가 떠오르면 바로 적을 수 있게 공책과 볼펜은 배낭 앞주머니에 넣었어.

오전 8시가 다 됐는데도 날이 밝지 않았어. 오히려 당장이라도 비가 올 듯 그물그물한 날씨가 이어졌어. 산책을 포기할까 고민했지. 그런데 정오가 거의 다 됐을 거야. 갑자기 햇볕이 쨍하니 창문을 두드리더라고. 당장 배낭을 둘러메고 문을 박차고 나갔어.

"안녕하세요. 정원이 참 예쁩니다."

"이사 온 분이군요. 반가워요."

맞은편 집 아주머니가 정원에 물을 주다 내게 손을 흔들었어. 아주머니의 정원엔 튤립과 수국, 라벤더, 데이지 등이 탐스럽게 피어 있었어.

"저녁에 나랑 젠가 한번 합시다."

맞은편 집의 옆집 할아버지가 의자에서 천천히 일어났어. 할아버지는 정원 테이블에서 젠가를 했어.

"우산은 챙겼나요? 독일에선 언제라도 비가 올 수 있어요."

창문으로 할머니가 고개를 내밀었어. 할머니는 커튼을 바꿔 달고 있었어.

"설마 이렇게 화창한데 비가 올 리가요? 저는 '예술'하러 숲에 산책 갑니다."

나는 할머니에게 손을 흔들었어.

마을 집들은 정원이 참 예뻤어. 한눈에도 오랜 시간 정성껏 가꾼 티가 났지. 또 집 건물도 창마다 예쁜 커튼과 장식품이 달렸고 창가엔 작은 화분이 가득했어.

길을 따라 이어진 집들을 구경하는 사이 어느새 숲에 도착했어. 전봇대마냥 곧게 솟은 전나무가 얼마나 많은지 앞이 안 보일 지경이었지. 빽빽한 나무 사이로 햇살이 내리꽂히고, 비가 증발하면서 아른거리는 모습은 긴밀 환상적이있어 낭상이라도 세상을 뒤집어 놓을 어마어마한 이야기가 떠오를 것 같았어. 정확하게 숲에 들어와서 아흔아홉 그루의 전나무를 지난 그 순간, 장대비가 내 뺨을 후려쳤어.

"윽!"

비명이 터졌어. 허둥지둥 나무 밑으로 들어섰어. 하지만 비를 막아주기엔 전나무 잎은 너무 가는가 봐. 하는 수 없이 도시락과 공책이 젖지 않게 배낭을 가슴에 안고 집으로 달렸어.

초저녁처럼 어둑어둑한 거리에 사람은 보이지 않았지. 음산한 거리를 달려 집에 들어섰어. 현관문을 여는 순간, 쨍하게 해가 나타나는 거야. 햇님, 구름님, 비님……, 뭡니까?

비를 맞아 재채기가 나고 슬금슬금 열도 났지만, 산책을 포기할 수는 없었어.

'나는 독일 숲속을 산책하며 사색에 잠겨야 해. 그러다 재밌는 이야기를 만들거나, 세계인이 깊게 감동을 받아 눈물을 철철 흘리게 만들 교향악을 작곡해야 하지. 아니면 깊은 깨달음을 얻어 철학자가 되던가.'

나는 샤워를 하고 젖은 옷을 갈아입었어. 이번엔 반팔 티셔츠 위에 긴팔 셔츠를 입고, 방수 기능이 있는 점퍼를 배낭에 넣었어.

'지금처럼 햇볕이 뜨거우면 반팔, 흐리면 반팔 위에 셔츠, 비가 오거나 바람이 많이 불면 점퍼까지 입는 거야.'

나는 다시 숲으로 향했어. 그땐 조금 빨리 걸었던 것 같아. 아마도 다시 비가 올까 걱정했나 봐. 하지만 하늘은 걱정 말라는 듯이 화창하기만 했어.

숲으로 들어갔어. 걸을 때마다 바닥에서 물기가 올라왔어. 톡 나무에 맺힌 빗물이 얼굴에 떨어지곤 했지. 하지만 전나무 향과 차가운 공기를 맡으니 머리가 맑아졌어.

그때였어.

후두둑 후두둑 후둑.

"설마 또 비가 왔어요? 흠. 독일 날씨는 정말 변덕쟁이네요."

주영이가 어이없다는 표정을 지었다.

"맞아, 독일 날씨는 변덕쟁이야."

허풍선이 쓴웃음을 지었다.

배낭에서 점퍼를 꺼내 입었어. 그리고 다시 집으로 달렸어. 달리는 내내, 당장 우비와 우산을 사겠다고 마음먹었어.

이번 비는 지난 비보다는 한결같았어. 집에 들어가서 샤워를 하고 나왔는데도 여전히 비가 오고 있었거든. 여전히 집밖은 어둑어둑했고 거리엔 사람이 보이지 않았어.

따뜻한 녹차를 마시며 창밖 날씨를 계속 살폈어. 심심했어. 밖에 나갈 수 없으니 집 안에서 할 수 있는 일을 찾았어. 늘 가지고 다니는 〈돈키호테〉 1, 2권을 읽었지. 각각 500쪽이 넘는 두꺼운 책인데, 몇 번 반복해서 읽었더니 어느 순간 신세 낱이 술술 외워졌어. 딱히 열심히 읽은 것도 아닌데 말이야. 저절로 외워지는 걸 뭐 어쩌겠어.

독일에 머무는 동안 비가 오다가 그치는 날씨가 계속되었어. 매일 숲을 산책하다, 후드득 빗소리를 듣거나 그물그물해진 흐린 날에 서둘러 집으로 돌아오는 일이 반복되었어. 흐린 날이 많고 해를 보기 어려운 날도 많았어. 그러다 보니 해가 얼마나 반가운지! 가끔 몇 시간 정도 해가 쨍하게 나는 날엔 어디서라도 당장 돗자리를 깔고 햇볕을 쬐었어.

나뿐만 아니라 마을 사람들 모두 공원이나 정원에서 일광욕을 즐겼어.

'이 마을에 이렇게 사람이 많이 살았었나?'

그도 그럴 것이, 저녁 무렵만 되어도 거리에 사람이 거의 없었기 때문에 놀라웠지. 대신 집 창문마다 환하게 밝혀진 걸 보며 독일 사람들은 집을 좋아한다고 생각했지. 나도 짧게 산책을 할 때를 제외하곤 집 안에 있었어. 흐린 날이 많고, 춥고 금방 어두워져서 집을 나가는 시간이 줄어들었지.

책이 외워지던 어느 저녁이었지. 벨이 울렸어. 독일에서 날 찾아올 사람이 누굴까?

앞집의 옆집 할아버지였어. 옆구리에 종이 박스를 끼고 있었지.

"젠가 합시다."

"젠가요? 설마 나무 블록들을 쌓은 다음에 쌓은 블록이 무너지지 않도록 조심하면서 하나씩 빼는 그 '젠가'요?"

할아버지는 환하게 웃으며 고개를 끄덕였어.

그렇게 해서 갑자기 젠가를 하게 되었어. 할아버지의 실력은 놀라웠어. 손을 조금 떨었는데도 매번 나를 이겼지.

"난 매일 저녁 가족들과 게임을 한다오."

할아버지는 게임을 할수록 점점 굳어지는 내 얼굴을 힐끗 봤어.

"그러니 나한테 져도 부끄러운 게 아니지, 암, 그렇고말고. 허허."

"할머님도 젠가를 잘하시나요?"

"집사람은 집 꾸미기를 좋아하지. 저녁엔 늘 커튼, 방석, 쿠션과 이불을 만든다네."

"우어! 정말 손재주가 대단하시네요."

"당신도 이곳 날씨를 겪었으니 알 거요. 독일은 흐린 날이 많지. 겨울엔 3시부터 어두워지니까. 그러니 사람들이 집에서 보내는 시간이 많아요. 난 집에서 게임을 하고 집사람은 집 안을 장식하는 게 취미라오."

"저는 이 책들을 다 외웠습니다."

나는 〈돈키호테〉를 가리켰어.

"허허허. 잘했소. 독일 날씨에 잘 적응했구먼. 이곳 사람들은 11월을 '어둠의 시기'라 부른다오. 햇볕을 쐬지 않으면 몸도 마음도 어프니드."

"저도 조금 우울해지는 것 같아요."

"독일은 어디에서도 다양한 문화 활동을 할 수 있소. 마을 중앙에 있는 문예 회관에만 가도 연극, 음악회, 전시회를 즐길 수 있지. 내일 당장 가 봐요, 집 안에만 있으면 마음에 어둠이 찾아온다니까."

그다음 날 저녁엔 앞집 아주머니 가족에게 초대받아서 함께 저녁을 먹었지. 그 집의 가구들은 디자인이 독특하면서도 참 편안했어.

"시간이 있을 때마다 가구를 만듭니다. 식탁, 의자, 책상, 책장도 다 내가 만들었죠."

"정원에 있는 그네도 남편이 만들었어요. 정말 튼튼하고 예쁘죠."

"당신이 정원을 잘 가꿔서 그네가 더 예뻐 보이는 거지."

부부가 서로를 칭찬했어. 내가 봐도 집과 정원을 오랫동안 정성껏 가꾼 티가 났지.

그다음 날도 여전히 날씨가 흐렸어. 난 앞집의 옆집, 그 옆집에 사는 할머니에게 재봉틀 사용법을 배웠어. 할머니와 함께 커튼을 만들고 쿠션과 이불, 셔츠와 바지까지 만들었어. 그때 청바지를 수선해서 만든 셔츠는 지금도 내가 제일 아끼는 옷이야.

하루하루 집 안의 장식이 바뀌었어. 흔들의자, 침대, 책상과 옷장도 내가 만든 가구로 바뀌었어. 가구를 만들고 남은 자투리 나무로는 12개월을 상징하는 독일 병정 인형 12개를 조각했어. 얼마나 섬세한지 당장이라도 살아 움직일 것 같더라니까.

독일의 긴 밤마다 바느질을 하고 나무 인형을 조각하고 가구를 만들었어. 할아버지와 게임도 했어. 흐린 날씨에 우울해진

마음은, 예쁘고 편리한 집 안에서 이웃과 함께 즐거운 시간을 보내는 동안 사라졌어.

낮에는 집 밖을 꾸미느라 바빴어. 색색의 꽃을 심고 주말마다 잔디를 깎았어. 한구석에 심어진 전나무에는 장식물을 달아 크리스마스트리로 만들었어. 색색의 구슬과 인형을 달고 작은 전구로 불을 밝히고 나니, 우리 집 정원은 지역 신문사에 소개될 만큼 매일매일 더 아름다워졌어.

독일을 떠나기 전날, 특별히 따듯했던 그날 오후에 마을 공원에 나갔어. 그날을 손꼽아 기다렸거든. 공원엔 일광욕을 하러 나온 사람들이 많았어. 나는 그곳에 있는 모든 사람과 젠가를 했어. 물론 난, 단 한 번도 지지 않았지.

다음 날 할아버지 댁에 들려 독일 병정 인형들을 선물했어. 그새 정이 든 할아버지는 버스 정류장까지 나를 배웅해 주었어.

버스를 타고 마을을 벗어나는 순간 나는 깨달았어.

'햇살이 쏟아지는 숲을 걸으며 위대한 이야기를 만들겠다는 꿈은 실패했구나.'

"그래서 슬펐어요?"

하은이가 조그맣게 물었다.

"전혀! 나는 세계 최고의 조각품, 가구, 수예 그리고 젠가의 장인이 되었잖아."

허풍선이 가슴을 쫙 폈다.

러시아.

아홉 개의
시간이
흐르는
나라

"나는 새로운 도전을 하러 러시아에 갔어. 혹시 시베리아 횡단철도 아니?"

"그럼요. 세계에서 가장 긴 철도잖아요. 블라디보스토크 역에서 모스크바 역까지 6박 7일이 걸린대요."

"주영이가 잘 아는구나. 음, 내 새로운 도전은 '잠 안 자고 시베리아 횡단 열차 타기'였어."

"전 선생님의 도전을 도통 이해할 수가 없어요. 사람이 잠을 안 자면 죽는다고요."

허풍 선의 말에 하운이가 얼굴을 찡그렸다.

"너희는 절대 따라 하지 마. 하지만 난 철저히 준비했단다. 도전을 시작하기 전에 일주일 내내 잠만 잤거든. 미리 잠을 비축한 거지. 드디어 시베리아 횡단 열차를

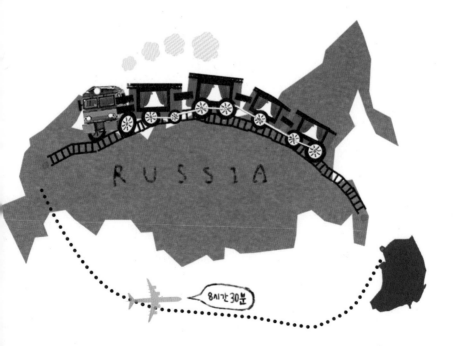

RUSSIA

8시간 30분

타러 블라디보스토크 역에 갔는데……."

허풍선이 '지리와 문화' 러시아 편 강의를 시작했다.

12월의 러시아는 엄청나게 추워서 러시아에 온 것이 살짝 후회가 될 정도였어. 냉동실에 들어가면 이런 기분일 것 같았지. 러시아 영토의 절반 정도가 춥고 추운 시베리아니까.

난 블라디보스토크 역에서 열차를 기다렸어. 주변을 둘러보니 어린아이부터 노인까지 러시아 사람들 대부분이 북실북실한 모피 모자를 쓰고 있었어. 어릴 적 내가 사랑했던 〈은하철도 999〉의 주인공 메텔처럼 둥근 원통 모양의 모피 모자 말이야. 게다가 모피 코트를 입은 사람도 정말 많았어. 꼬마들도 모피 코트를 입었더라고. 나는 점퍼를 입고 장갑을 끼고 목도리도 둘렀지만 이가 덜덜덜 떨렸어.

"샤프카, 저기에서 팔아요."

마트료시카를 품에 안은 여자아이가 역 앞 노점상을 가리켰어. 마트료시카는 러시아 전통 인형이야. 아이의 손끝을 따라가니, 수레에 모피 모자를 수북이 쌓고 파는 상인이 보였어.

"고맙구나. 나는 대한민국에서 온 허풍선이란다. 네 이름은 뭐니?"

"저는 안나예요."

"300루블입니다."

수레에서 회색 모자를 집자, 상인이 냉큼 낚아채며 가격을 불렀어. 동시에 그 모자를 내 머리에 푹 씌워 줬지. 그러더니 모자 위에 달린 귀 덮개를 내려주고 손거울을 비춰 줬어. 상인의 행동은 막을 새 없이 순식간에 이어졌어.

"군밤 장수 모자네."

거울을 보니 영락없는 군밤 장수 모자였어. 러시아 군인들이 쓰는 모자도 이런 모양이지. 모자 털을 쓸어 보니 뻣뻣했어. 내가 귀덮개를 만지작거리며 망설이자, 상인이 말했어.

"귀덮개가 있는 털모자는 우샨카예요. 귀덮개가 없는 모자는 샤프카. 그 우샨카가 제일 싸요."

러시아의 전통 털모자 우샨카. 귀덮개가 있는 것이 특징이다.

제일 싼 모자라는 말에 고민 없이 우샨카를 선택했어.

영락없는 군밤 장수 모습이지만, 머리와 귀가 따듯해지자 마음까지 편해졌어.

시베리아 횡단 열차가 출발했어. 네 명이 한 칸에 탔는데, 양쪽에 2층 침대가 있는 침대칸이었지. 인연인지, 안나네 가족과 같은 칸에 탔지 뭐야.

"허풍선 아저씨. 저는 외할머니, 외할아버지와 함께 모스크바에 가는 길이에요."

안나네 가족은 내 머리카락에 붙은 개털들을 힐끔거렸고 웃음을 참느라 얼굴은 사과처럼 붉었어. 내 우샨카는 개 모피로 만든 거였거든. 개털 우샨카는 스치기만 해도 털이 떨어졌어.

열차는 눈 덮인 평야를 달렸어. 지평선까지 눈밖에 보이지 않았어.

"제 마트료시카 보여 줄까요?"

안나가 품에 안은 마트료시카를 내게 내밀었어.

마트료시카. 하나의 목각 인형 안에 크기순으로 똑같은 인형이 들어 있는 러시아의 전통 인형.

"아, 그래. 정말 예쁜 마트료시카구나."

안나의 마트료시카는 빨간 두건을 쓴 여자아이 모습이었어.
마트료시카는 인형 속에 더 작은 인형이 겹겹이 들어 있는 목각
인형이야.

"엄마가 어렸을 때 외할머니가 사 준 거래요. 오래되어 색이
옅어지고 속에 든 인형도 한 개 없어졌어요. 우리 엄마는 블라디
보스토크 무역 회사에서 일해요."

안나가 아쉬워했어.

"마트료시카는 저걸로 만든다오."

안나의 외할아버지가 창밖을 가리켰어.

열차는 자작나무 숲을 통과하고 있었어. 자작나무는 자작 자작 소리를 내며 불에 잘 탄다고 해서 붙여진 이름이야. 열차가 한참을 달려도 자작나무 숲을 벗어나지 못할 만큼 러시아의 자작나무 숲은 거대했어.

"러시아에는 자작나무 숲이 많지요."

안나 외할아버지가 안나의 머리를 쓰다듬으며 말했어.

나는 안나 가족과 이런저런 이야기를 하고 카드놀이를 하며 보냈어. 하루 3번, 흰 빵과 수수밥, 구운 생선, 닭고기 수프, 당근 절임 등을 먹었어. 음식이 참 소박했어. 밤이면 열차에서 베개와 이불을 줬어. 하지만 난 눈을 부릅뜨고 컴컴한 창밖을 노려보며 잠과 싸웠어. 눈에 빛발이 서고 쓰라렸어. 하지만 '잠 안 자고 시베리아 횡단 열차 타기' 도전을 포기하지 않았어.

어느덧 일주일이 지나 시베리아 횡단 열차의 종점, 모스크바에 도착했어.

"우리 다챠(별장)에서 푹 자고 가요."

안나의 외할아버지가 나를 초대했어. 아마 내 도전을 눈치채신 모양이야.

"러시아는 워낙 추워서 농사지을 수 있는 기간이 짧아요. 곡식, 과일, 채소가 부족하죠. 그래서 정부가 작은 땅을 나눠 줬어요. 그 땅에 다챠를 짓고 주말농장처럼 농사를 지어요."

안나네 다챠는 별장이라기엔 작고 소박했어. 오두막 2채가

페치카는 높이나 시흙으로 빈은 러시이의 전통 난방 장치이다. 난로를 벽에 붙여 벽을 가열해 방 안을 따뜻하게 하는 원리이니.

집에 연결되었고 마당엔 텃밭이 있었어.

집에 들어서자 러시아 전통 벽난로인 페치카가 눈에 띄었어. 페치카는 난로 겸 오븐이야. 아궁이에 장작을 넣어 난방을 하고, 아궁이 안에 밀가루 반죽을 넣어 빵을 구울 수 있어. 또 아궁이에 냄비를 올려서 수프를 끓일 수도 있어.

안나의 외할아버지는 페치카에 장작을 넣고, 불을 붙였어. 불이 붙자 방이 훈훈해졌어.

"비트를 넣은 러시아 수프, 보르시예요. 추위를 좀 가시게 해 줄 거예요. 금방 호밀로 만든 흑빵이랑 삶은 감자도 내올게요."

안나의 외할머니가 식탁에 음식을 차렸어.

"이 양배추랑 당근, 무, 비트는 우리가 직접 농사지은 거예요. 창고에 감자도 엄청 많아요. 복숭아도 심었는데 다 먹어서 지금은 없어요."

안나가 병에 담긴 절임 야채들을 내 접시에 덜어 줬어. 러시아에선 춥고 긴 겨울 동안 먹을 절임 음식을 미리 마련해 둬.

"러시아를 대표하는 음료는 역시 보드카지. 한 모금만 마셔도 몸에 열이 난다니까."

안나의 외할아버지가 내 잔에 보드카를 따라 줬어. 보드카는 소문대로 독했어. 으윽, 목이 타는 느낌이 들고 배가 뜨끈해지더니 곧 온몸에 열이 올랐어. 정신이 번쩍 나면서 몸은 후끈해졌어. 스위스에서 날 구한 조니가 떠올랐어.

"페치카가 특이하게 생겼네요. 페치카에 돌침대가 연결된 거죠?"

"대한민국에선 온돌로 난방을 한다죠? 우리도 페치카에 돌침대를 연결해서 데워요. 좀 있으면 뜨끈뜨끈해질 거요. 허풍선씨가 저 위에서 자요. 몸이 거뜬해질 거요."

안나의 외할아버지는 장작을 더 가져온다며 밖으로 나갔어.

"할머니, 엄마한테 전화해도 돼요? 외갓집에 잘 왔다고 알려야죠."

안나가 전화기를 들었어.

"지금은 안 돼. 엄마는 자고 있을 거야."

"알았어요."

안나가 한숨을 쉬었어.

"안나의 어머니가 어디 아프신가요?"

오후 4시쯤인데 벌써 잠을 잔다니 이상하더라고.

"블라디보스토크는 이곳보다 7시간이 빨라요. 그곳은 지금 11시랍니다. 같은 나라여도 시간이 서로 다르니 불편할 때가 많아요."

안나의 외할머니가 설명해 줬어.

"에미. 같은 나라인데 시간이 다르다고요? 왜요?"

넋 놓고 허풍선의 이야기를 듣던 하은이의 눈이 동그래졌다.

"러시아는 세계에서 가장 넓은 나라고, 서쪽 끝에서 동쪽 끝이 가장 긴 나라이기도 해. 그런데 영국 그리니치 천문대를 기준으로 15도씩 동쪽으로 갈수록 1시간씩 빨라지잖아. 지구가 한 바퀴, 즉 360도 도는 데 24시간이 걸리니까, 360도 나누기 24시간을 하면 15도인 거지."

"그럼 러시아는 동서로 엄청 기니까 같은 나라여도 지역마다 경도가 서로 다른 거군요."

"그렇지. 자, 이 세계 지도를 보면, 세로줄이 24개 있어. 경선이라고 하지. 경선은 경도 15마다 줄을 그어서 표시한 거야. 경선 1줄마다 표준 시간이 1시간씩 변한

영토가 좌우로 넓은 러시아에는 경선이 11개나 지나간다.

다고 생각하면 쉬워."

"그러면 우리나라와 달리 러시아는 여러 개의 경도가 지나가는 거네요."

도담이가 세계 지도에서 대한민국과 러시아를 차례로 짚었다.

"그래, 대한민국의 표준 시간은 1개이지. 어딜 가나 시간이 같은 거야. 그런데 러시아는 경도가 많아서 표준 시간이 9개로 정해져 있어. 어쨌건 서쪽 끝에 사는 사

람이 아침밥을 먹고 있을 때 동쪽 끝에 사는 사람은 저
녁밥을 먹을 시간인 거지."

허풍선이 설명했다.

"중국과 다르군요. 중국은 영토가 넓어도 베이징 시간에 맞
춰서 전국이 같은 표준시를 쓰더라고요. 그래서 같은 오전 8시여
도 동쪽 지역은 해가 높이 떠서 환한데, 서쪽은 해가 아직 뜨지
않아 어둡습니다."

여시 난 시식을 뺨낄 순간을 놓치지 않았어.

"영토가 크니까 엄마랑 시간이 안 맞아서 불편해요."

"안나야, 내가 마트료시카를 예쁘게 수선해 줄까? 나는 '세
계 제일 인형 목공예 장인'이란다."

"정말요? 아저씨가 마트료시카를 수선할 수 있어요?"

"그럼. 네 엄마가 물려준 마트료시카를 세계에서 가장 정교
하고 아름답게 만들어 주마."

어깨가 축 처졌던 안나가 싱긋 웃었어. 그러곤 고개를 끄덕
였어.

나는 배낭에서 챠콘의 미술 가방을 꺼냈어. 독일에서 병정
인형을 만들 때 쓴 조각도, 물감, 붓이 가득 들었지. 나는 안나의
마트료시카를 색칠했어. 색이 벗겨진 붉은 두건을 색칠하고 흐
려진 입술을 다시 칠했어. 색칠을 끝낸 마트료시카를 안나가 창
가에 올려 물감을 말렸어.

안나의 외할아버지가 자작나무 장작을 안고 들어왔어.

"손녀의 마트료시카가 새것처럼 깨끗해졌군요. 고맙소."

"아닙니다. 덕분에 따듯하게 잘 쉬었는걸요."

"혹시 바냐 좋아하시오? 우리 집에도 사우나실이 있거든."

"사우나는 좋아하는데, 바냐는 뭔가요?"

"러시아식 사우나를 바냐라고 한다오. 구경해 보겠소?"

우린 집 밖으로 나왔어.

"저 오두막은 농사지은 곡식과 야채, 과일을 저장하는 창고
이고, 여긴 사우나실이지."

안나의 외할아버지는 집에 연결된 오두막 문을 열었어.

오두막 안 벽엔 나무 벤치가 붙어 있고, 한쪽에 페치카가 있
었어. 페치카 위에는 커다란 돌이 몇 개 놓여 있었지.

"페치카와 보드카 그리고 바냐만 있으면 북극에서 몰려오
는 추위도 끄떡없지. 뜨거운 증기를 쐬며 바냐를 하면 추위와 피
곤이 싹 가신다니까."

"그렇죠. 저도 사우나를 좋아합니다. 땀을 흘리면 정말 개운
하죠."

"그런데 사우나에서 오래 버티는 어리석은 대회가 있었다
니까. 사우나는 즐기는 거지 힘들게 버티는 게 아닌데 말이야."

할아버지가 고개를 저었어.

"사우나 대회요? 그런 게 있습니까?"

나는 '대회'라는 말에 귀가 쫑긋 섰어. '대회'라면 사족을 못

쓰는 나란 사람은 참!

"핀란드에 '사우나에서 오래 버티기' 대회가 있었다오. 별 희한한 일에 도전하는 사람이 많아."

'대회'에 이어 '희한'까지……. 내 가슴에 '도전'이란 불씨가 활활 타올랐어.

"제가 찾던 겁니다, 희한한 사람들이 경쟁하는 대회. 감사합니다. 저는 당장 가 봐야겠습니다."

"큰일 날 소리! 그러다 죽을 수도 있어요. 그리고 그 대회는 이미……."

할아버지는 나를 따라오며 소리쳤지만, '도전'에 불붙은 내 귀엔 들리지 않았어. 오후 6시. 사방이 칠흑같이 어두웠지만 나는 모스크바 역으로 달렸어.

"그 러시아 할아버지, 엄청 당황하셨겠다."

"맞아."

하은이와 주영이가 숙덕였다.

허풍선은 못 들은 척, 가방에 강의 공책을 넣었다.

핀란드.

얼음 호수
에서
목욕하는
산타의 나라

"진짜 '사우나에서 오래 버티기 대회'에 참가하셨어요?"

허풍선이 강의실에 들어오자마자, 도담이가 물었다.

"음, 즉흥적으로 행동하면 예상치 못한 일을 겪게 되지. 물론 그게 모험을 더 흥미진진하게 만들지만……."

"풋. 꼴등하셨군요?"

"2010년 대회를 마지막으로 대회가 없어졌더라. 안나 외할아버지의 말을 끝까지 들었어야 했던 거지."

"이이구."

도담, 하은, 주영이가 동시에 고개를 저었다.

헬싱키로 향하는 기차 안에서 '사우나에서 오래 버티기 대회'가 폐지되었다는 사실을 알았어. 하지만 핀란드 전통 사우나를 즐기겠다는 의욕은 사라지지 않았어. 그래서 방에 사우나실이 있는 호텔을 검색해서 예약했지.

다음 날 12시경, 헬싱키 기차역에 도착했어. 열차에서 12시간 넘게 잤더니 졸리지는 않았어. 하지만 열차에서 나오자 소름이 확 끼쳤어.

핀란드는 러시아만큼이나 추웠어. 영토의 3분의 1이 북위 66도 33분보다 높은 곳에 있지. 북극권에 속하는 거야. 그래서 오로라를 볼 수 있고, 개 썰매나 순록 썰매를 탈 수도 있어. 이글루뿐 아니라 얼음 호텔도 있고, 얼음 바다를 깨면서 나가는 쇄빙

선도 탈 수 있지.

나는 빨리 숙소를 찾아서 점심을 먹고 사우나를 하며 쉬고 싶었어. 마침내 우샨카와 비슷한 모자를 쓴 남자가 맞은편에서 걸어왔어.

"실례합니다. 혹시 바이킹 호텔을 아시나요?"

"모릅니다."

남자는 가볍게 목례를 하고는 제 갈 길을 갔어.

"바이킹 호텔을 찾는데요. 어느 쪽으로 가면 되나요?"

이번엔 커다란 배낭을 멘 여자에게 물었어.

"아, 바이킹 호텔은 동쪽에 있어요."

여자는 미소를 지은 뒤, 근처 쇼핑몰로 들어갔어.

"동쪽이라고? 동쪽이 어디지?"

난 주위를 한 바퀴 빙 돌아봤어.

깨끗한 거리, 자전거 대여대, 웅장한 성당, 단순하지만 깔끔

핀란드의 수도 헬싱키. 크지 않은 규모의 도시로, 도보로도 충분히 여행이 가능하다.

한 건물들만 보였어.

"핀란드를 '침묵의 나라'라고 부른다더니, 핀란드 사람들은 정말 말을 잘 안 하네. 내 질문은 바이킹 호텔이 어디인지 가르쳐 달라는 의미잖아. 그곳까지 데려다주면 더 좋고……."

나는 인터넷 지도를 눈물 나도록 노려보았지. 그렇게 한참을 헤매다 우연히 바이킹 호텔을 찾았어. 야호!

여행 가방은 얼른 방에 두고, 1층 식당으로 달려갔어.

"순록 스테이크, 베리 케이크 주세요."

순록 스테이크가 먼저 나왔어. 접시에 순록 스테이크 3조각, 구운 감자, 크랜베리 9알, 크랜베리 소스가 함께 담겼어.

"크랜베리 소스는 어떻게 먹나요? 베리 소스라곤 딸기 잼밖에 몰라요."

음식을 가져온 식당 직원에게 물었어. 명찰에 '미카엘'이라고 적혀 있었지.

"순록 고기와 구운 감자를 찍어 드십시오. 저희 식당은 깨끗한 곳에서 자란 야생 베리들만 사용합니다."

"핀란드는 엄청 춥고 길잖아요. 여름은 짧고. 그런데 어떻게 야생 베리가 많이 자라죠?"

"핀란드는 북극에 가까워서 여름 2달은 해가 지지 않습니다."

"오호, 백야로군요! 나도 아는 지식입니다!"

"여름이 짧아도 해가 지지 않으니 일조량은 많죠. 그래서 베리가 잘 자랍니다. 우린 베리를 먹어서 비타민을 보충하죠."

지금까지 만난 핀란드 사람과는 다르게 미카엘은 설명을 길게 해 줬어. 고마웠지.

후식으로 블루베리, 라즈베리, 블랙베리가 잔뜩 올려진 달콤한 케이크를 먹고 내 방으로 올라갔어.

드디어 핀란드에서 사우나를 할 순간이야.

"이게 뭐야!"

수건을 두르고 사우나실 문을 연 순간, 한숨이 나왔어. 내 방에 달린 사우나 시설은 핀란드 전통 사우나가 아니라 전기 사우나였어. 한쪽 벽에 자작나무 벤치가 있는데 전기로 벤치를 데우는 거지.

"이건 아니야. 전기 사우나를 하려고 러시아의 바냐를 포기하고 온 게 아니라고."

나는 너무나 실망한 나머지, 러시아로 되돌아가서 전통 사우나를 할까 고민했어. 하지만 열찻삯을 아껴야 한다는 현실을 깨달았어. 나는 대답을 길게 해 주는 미카엘을 찾아갔어.

"질문이 있어요. 아주 중요한 겁니다. 난 핀란드 전통 사우나를 하고 싶습니다."

미카엘은 내 말을 듣더니, 천천히 고개를 끄덕였어.

"핀란드 전통 사우나를 하고 싶으시다고요? 당연합니다. 핀란드 전통 사우나는 세계 최고니까요. '사우나(sauna)'란 말도 핀란드 말로 목욕이란 뜻입니다."

미카엘은 내게 수영복과 슬리퍼를 준비하라고 했어. 20분만 기다리면 자기가 직접 전통 사우나를 할 수 있는 곳으로 데려다 주겠다고 말이야.

나는 바이킹 호텔을 찾다가 본 쇼핑몰에서 수영복과 슬리퍼를 샀어. 그러고 다시 20여 분 뒤, 미카엘의 차를 타고 이름 모를 호숫가에 도착했어. 호수 주변은 허벅지까지 눈이 쌓였어.

"우린 핀란드를 '수오미(suomi)'라 부릅니다. 호수의 나라란 뜻이죠. 전국에 호수가 18만 개가 훨씬 넘게 있으니까요."

"그 18만 개의 호수가 다 이렇게 꽁꽁 얼었을까요?"

나는 얼음에 구멍을 뚫고 수영복만 입은 채 호수를 들락거리는 사람들을 가리켰어. 보기만 해도 소름이 돋을 지경이었지.

"그럴 겁니다. 지금은 핀란드의 겨울이니까요."

미카엘이 웃었어.

우린 탈의실에서 수영복으로 갈아입었어. 미카엘은 맨발로, 나는 슬리퍼를 신고 통나무집으로 만든 사우나실에 들어갔어. 훅 하고, 뜨거운 수증기가 우릴 덮쳤어. 사우나실 안에는 2층으로 된 나무 벤치가 ㄷ자 모양으로 벽을 따라 있었어. 가운데엔 난로에서 자작나무 장작이 타고 있었어. 쇠로 만든 난로 주위에는 나무판자로 사방을 둘러서 난로에 데지 않게 했어. 난로 위에 손바닥만 한 돌들이 놓였고 그 사이로 수증기가 솟아올랐어. 난로 옆엔 국자가 걸린 자작나무 물통이 있었어. 안나네 사우나실과 비슷했지.

"높은 곳은 더 뜨거워요. 아래층에 앉는 게……."

"그럴 순 없죠. 난 '사우나에서 오래 버티기 대회'에서 우승할 예정이었던 허풍선이니까요."

나는 난로에서 가까운 2층 벤치에 앉았어.

미카엘이 국자로 물을 떠서, 난로 위 돌에 끼얹었어. '쉬우욱' 하는 소리와 함께 수증기가 솟아올랐어. 벽에 걸린 온도계의 바늘이 섭씨 70도를 지나 80도 근처에 멈췄어.

"아하! 불로 달군 돌에 물을 뿌려서 뜨거운 수증기를 만드는 원리군요."

"가끔 이 마른 자작나무 가지로 몸을 두드려요. 마사지 효과가 있습니다."

미카엘이 벤치에 놓인 나뭇가지 하나를 건넸어.

"대한민국은 방바닥을 데우는 온돌로 겨울을 따듯하게 보내는데, 핀란드는 사우나로 추위를 쫓는군요?"

나는 샤워기 밑에서 물을 맞는 거처럼 땀이 흘렀어.

"핀란드는 겨울이 길어요. 일년의 반은 눈이 내리죠. 겨울엔 오후 3시만 지나도 어두워지기 시작하죠. 그래서 추위를 견디려고 사우나 문화가 발달했습니다. 2021년 기준으로 핀란드의 인구는 554만 명 정도입니다. 그런데 사우나 시설은 몇 개나 있는지 아십니까?"

"모르죠. 대한민국의 제가 사는 동네엔 사우나 시설이 1개 있습니다만."

"우아, 사우나 없이 어떻게 삽니까? 핀란드엔 사우나 시설이 320만 개 정도 있답니다."

"우어! 사우나 시설이 2명당 1개씩 있는 셈이네요."

"저희 집에도 전기 사우나실이 있습니다. 일주일에 두세 번은 사우나를 하죠. 핀란드 정부도 사우나를 권장합니다. 신진대사가 활발해져서 면역력을 높여 준다는군요."

"그런데 혹시, 겨울이 길고 춥고 흐린 날이 많아서 핀란드 사람은 말을 적게 하는 걸까요?"

"하이히. 우리나라를 '침묵의 나라'라고 부른다지요? 제 생각에도 핀란드 사람은 말이 적습니다. 사실 핀란드 사람들은 다른 사람에게 별로 관심을 가지지 않습니다. 그만큼 날 간섭하는 사람도, 눈치 볼 사람도 없으니 자유롭기도 하죠. 그런데 저는 대화를 좋아합니다. 하하하하."

"당신이 대화를 좋아하는 건 제겐 큰 행운입니다."

"그만 나갈까요?"

미카엘이 일어났어.

"사우나 오래 버티기 대회에서 1등을 하려면 110도에서 16분은 버텨야 한다더군요. 저는 더 있겠습니다."

"핀란드의 사우나 오래 버티기 대회, 러시아의 보드카 많이 마시기 대회 모두, 도전자들 중 일부가 죽었습니다."

미카엘은 내게 더 권하지 않고 혼자 사우나실 밖으로 나갔어. 하지만 나는 국자로 연거푸 물을 떠서 돌 위에 끼얹었어. 110

도를 만들 속셈이었지. 쉬이익 소리를 내며 수증기가 솟구쳤어. 갑자기 공기를 들이마시기 어렵고 가슴이 답답해졌어.

나는 잠깐 고민했어.

'당장 일어나 밖으로 나가야 할까, 아니면 나 혼자만의 도전을 계속할까.'

"허풍선! 뭘 이런 걸로 고민하냐, 어리석게!"

난 벌떡 일어나서 밖으로 달려 나갔어. 그러곤 미카엘을 따라 얼음 구멍으로 천천히 들어갔어.

비명이 터지려는 걸 가까스로 참았어. 분명 스페인에서 만난 챠콘이 봤다면, 뭉크의 〈절규〉와 닮았다며 시꺼먼 이를 드러내며 웃었을 거야.

"개운하죠?"

미카엘이 얼음 구멍 속으로 잠수했다 머리를 물 밖으로 내밀었어. 미카엘뿐 아니라 다른 핀란드 사람들도 수영장에서 수영하듯 여유로웠어. 호숫가에 쌓인 눈 속으로 몸을 던지는 사람들의 웃음소리가 들렸어.

"하나, 둘, 셋, 여덟, 열!"

나는 얼음 구멍 밖으로 나와 다시 사우나실로 달렸어. 정말 절실하게 사우나의 열기가 그리웠어. 뒤에서 미카엘이 불렀지만 뒤돌아볼 여유가 없었어.

"핀란드는 사우나 문화만 있는 게 아니라 얼음 수영을 하는 문화도 있는 게 분명해. 으윽, 추워!"

뜨거운 사우나실에 들어가자 금세 추위가 가셨어. 곧 다시 땀이 흘렀어. 돌에 물을 붓지 않으니 온도가 70도 정도에 머물렀어. 8분 뒤 다시 얼음 호수에 들어갔어. 이렇게 사우나와 얼음 호수를 오가는 사이, 점점 사우나의 열기가 편해졌어.

얼음 호수에 몸을 담그는 것도 시원해졌지. 내 혈관 속을 피가 쌩쌩 달리는 기분, 잠자고 있던 뇌세포가 깨어나는 기분이라고나 할까? 역시 난, 전통 사우나를 좋아해.

"사우나는 3번이면 족합니다. 차가운 호수에 들어갔다가 끝내야 하고요."

미카엘이 얼음 호수에서 다이빙을 하는 내게 다가왔어.

우린 옷을 갈아입었어.

"사우나 하고 나서 먹는 간식은 역시 소시지 구이죠."

미카엘이 꼬치에 꿴 소시지를 건넸어.

"식당에서 좀 챙겨 왔습니다."

"오늘 정말 고마워요. 미카엘 덕분에 핀란드 문화를 좀 알 것 같아요. 난 산타랑 무민밖에 관심이 없었거든요."

나는 쇼핑몰에서 산 생수를 미카엘에게 건넸어.

"에이. 핀란드 하면, 앵그리 버드 게임이죠. 하하하. 생수 고맙습니다."

미카엘이 생수를 벌컥벌컥 마셨어.

"핀란드 사우나 덕분에 올겨울 추위는 거뜬히 넘길 것 같네요."

나도 생수를 마셨어. 미카엘을 곁눈질하며 한 모금에 한 병을 싹 비웠지. 나처럼 튼튼한 남자라면, 생수 한 병은 한 모금에 마셔야 하는 거 아냐?

"아휴, 선생님은 도전 정신이 강한 게 아니라 경쟁심이 심한 거 아녜요?"

주영이가 얼굴을 찡그렸다.

"저는요, 선생님이 제발 철 좀 드셨으면 좋겠어요."

"맞아. 저러다 다칠 수도 있어."

도담이에 이어 하은이가 허풍선에게 말했다. 그리고 동시에 둘 다 한숨을 쉬었다. 어깨까지 들썩이며.

"오늘이 마지막 수업이지? 오늘은 볼리비아에 갔던 얘기를 해 볼까? 아직도 열차에 올라타서 고생했던 기억이 생생하군."

"왜요?"

도담이가 물었다.

"국제 공항이 있는 볼리비아의 수도 라파스는 세계에서 가장 높은 곳에 있는 도시야. 해발 3,250~4,100m 사이에 있지. 대한민국에서 가장 높은 산이 한라산이지? 한라산의 높이는 1,947m야. 라파스는 한라산의 2배 정도 높은 곳에 있는 거지."

"라파스가 높은 곳에 있어서 싫은 거예요?"

주영이가 고개를 갸웃거렸다.

라파스는 볼리비아의 행정 수도이자 실질적인 수도이다. 안데스산맥의 알티플라노 고원에 위치한 도시로, 해발 고도가 높기로 정평이 났다.

"라파스에 도착한 지 하루 만에 머리가 아프고 속이 메스꺼웠어. 고산병 증상이지."

"어머, 큰일 날 뻔했네요. 고산병 때문에 죽을 수도 있대요."

"걱정해 줘서 고맙다."

허풍선이 하은이를 보며 웃었다.

"잠깐, 잠깐, 잠깐만······."

나는 여행 가이드 바르가스에게 손사래를 치고는 열차에 쓰러지듯 드러누웠어.

"앗, 뜨······!"

난 펄쩍 뛰어올랐어. 그 순간 볼리비아에 온 걸 후회했어.

"미스터 허, 이곳은 적도랑 가까워서 햇빛을 많이 받아. 게다가 고도가 높아서 태양에 가깝지. 낮에는 햇살에 열차가 뜨겁게 달궈지는 거야."

바르가스가 바닥에 떨어진 내 선글라스를 집어 건넸어.

"고마워. 그런데 아무것도 없는 이런 곳에 웬 기차들이 이렇게 많지?"

"150여 년 전까지는 기차가 이곳을 달렸어. 우유니에서 캐낸 광물을 해안 도시 안토파가스타까지 이 열차들로 운반했지. 그런데······, 에잇! 칠레는 얄미워!"

바르가스가 인상을 찌푸리며 바닥에 침을 탁 뱉었어.

"칠레가 우리의 안토파가스타를 빼앗았어. 그래서 볼리비아는 바다가 없는 나라가 되고 말았어. 아타카마 사막도 빼앗겼지."

볼리비아와 칠레 사이가 나쁘다는 건 알았지만 그 이유는 그때 알았어. 아타카마 사막은 칠레의 대표적인 관광지이자 세계에서 손에 뽑히는 구리 생산지이고, 비료의 원료인 초석 생산지야.

"바다가 없으면 생선은 못 먹어? 아니지 물고기는 하천에도 실시 아, 그럼 소금은 못 먹어? 몽땅 수입하나? 동물은 소금 없이는 못 살 텐데……."

소금을 먹기 위해 깎아지른 절벽에 서서 돌을 핥는 산양 무리가 떠올랐어. 오래전에 본 다큐멘터리에서였을 거야.

"소금을 수입하냐고? 푸하하하. 미스터 허, 당신은 정말 재밌는 사람이야! 여기는 우유니 사막이야."

바르가스가 허리를 잡고 웃었어. 워낙 공감 능력이 뛰어나다 보니, 난 영문은 몰랐지만 눈물까지 찔끔거리며 같이 웃었어. 하지만 곧 바르가스가 포복절도한 이유를 알게 되었어. 아니, 보게 되었지.

"여기가 사막이라고? 그냥 커다란 타일을 이어 붙인 것 같은데?"

나는 쭈그리고 앉아 끝없이 이어진 하얀 육각형 타일을 만졌어. 타일은 거칠고 단단했어.

우유니 사막이 만들어진 원인으로는 주위 산지보다 지대가 낮아 고인 지표수가 흘러 나가지 못하는 분지 지형인 점과, 강수량이 많지 않아 호수 물이 희석되지 않았다는 점이 있다.

"우유니의 계절은 우기와 건기로 나뉘어. 지금은 건기라 물이 다 증발해서 사막이 된 거야."

"바르가스, 사막엔 모래가 있어야지."

"오, 미스터 허. 우유니 사막은 모래 사막이 아니고, 소금 사막이야. 자, 내가 재밌는 사진 찍어 줄게. 저 앞에서 자세를 잡아 봐."

바르가스가 지프차에서 티라노사우루스 공룡 인형을 꺼내서 바닥에 내려놨어. 그러곤 내게 더 뒤로 가라고 손짓했어. 나는 〈쥐라기 공원〉을 떠올리며 달아나는 자세를 취했어.

"오케이. 사진 멋지게 찍혔어. 공룡이 미스터 허를 잡아먹을 것 같아."

바르가스가 카메라 화면을 내게 보여 줬어. 반짝이는 하얀 소금밭에서 티라노사우루스에게 쫓기는 모습이야.

멋진 사진도 찍었겠다, 천천히 우유니 사막을 걸었어. 뽀드득뽀드득 한겨울 쌓인 눈이 단단하게 얼었을 때 들렸던 그 소리가 내 걸음마다 따라왔어.

"미스터 허, 우유니엔 멋진 곳이 많아. 그만 가자."

바르가스가 재촉했어.

우린 다시 지프차를 타고 우유니 사막을 달렸어. 이곳은 여느 산에 못지않게 해발 고도가 높지만, 평원이야. 그런데도 큰 바퀴를 단 지프차를 타야 해. 소금 결정이 날카로워서 차바퀴에 구멍을 낸대.

"염전에선 바닷물을 증발시켜서 소금을 만들지. 이곳에선 소금을 자루에 담기만 하면 돼. 정확하진 않지만 우유니엔 소금이 100억 톤이나 있대. 소금 두께가 120m나 되는 곳도 있어."

바르가스가 곳곳에 쌓인 소금 더미를 가리켰어. 이 지역 주민들이 소금을 가져다 팔기도 하지만, 우유니 소금을 수출하는 건 기업만 할 수 있대.

"저곳은 뭐야?"

하얗게 반짝이는 우유니 소금 사막 속에 바위 언덕이 보였어. 선인장이 가득한 걸 보니, 이곳은 역시 사막이야.

"물고기 모양을 닮았다 해서 물고기 섬이라 불러. 이곳 원주민은 '잉카인의 집'이란 의미로 잉카와시라 부르고."

"섬이라고? 아, 우기엔 우유니 사막이 소금 호수로 변한다고 했지."

"12월에서 3월경까지가 우기야."

"북반구에 있는 우리나라가 장마철일 때, 남반구에 위치한 볼리비아는 건기인 거군."

"응. 우유니가 소금 호수가 되면 하늘을 비추는 거울 같아."

"세계에서 가장 큰 거울이군."

난 청바지로 티셔츠를 만들 만큼 상상력이 뛰어나. 하지만 넓이가 서울의 20배인 우유니 소금 사막이 반짝이는 거울로 변하는 모습은 상상하기 어려웠어. 위에도 아래에도 똑같은 하늘이 펼쳐질까? 역시 자연은 늘 상상 이상이야.

나는 바르가스를 따라 물고기 섬에 올랐어.

"이 바위를 봐."

바르가스가 울퉁불퉁한 바위를 가리켰어. 어디선가 본 듯한 모양의 바위였지.

"오호! 이건 산호랑 많이 비슷하네! 그런데 이 바위는 석고인 것 같은데?"

물고기 산은 화산인데 주변에 소금 호수가 만들어져 섬이 되어 있었어.

"그리고 석고 같은 바위와 미생물인 물속의 조류 화석이 섬에 있는 것으로 보아 예전에 소금 호수 물이 이곳까지 올라온 적이 있다는 걸 알 수 있지."

나는 신이 나서 물고기 섬을 뛰어올랐어. 이곳까지 물이 올라왔다는 증거를 더 찾고 싶었지. 난 지리 지식도 꽤 있지만, 지구 과학도 좀 알아. 호수 가운데의 화산섬에 선인장 군락이 자리 잡은 섬이라니!

"저건 화, 산……. 어, 라……? 으따따따!"

흥분해서 이곳이 고원이라는 걸 잊었어. 숨이 막히고 현기증이 났어. 쓰러지지 않으려고 팔을 휘젓다가 뭔가를 끌어안았는데 이곳은 선인장 군락이잖아.

"미스터 처, 괜찮아? 열차에선 팔이 빨갰는데 지금은 빨간 고슴도치 같아. 부디 진정해. 제발 조심해. 절대 뉘시노 마. 이휴, 이제 소금 호텔에서 쉬자."

바르가스가 내 팔을 살폈어.

"저 바위를 봐. 저건 분명 화산탄이야. 신기하지? 끝이 보이

볼리비아의 물고기섬에서는 화산탄을 볼 수 있다.

화산섬 위까지 소금 호수의 물이 올라온 적이 있었군!

지 않는 소금 호수, 그 가운데 화산섬과 화산탄, 그리고 하얀 바위들과 물속에 살았던 조류의 화석!"

나는 바닥에 누워 숨을 고른 뒤 다시 서서 우유니 소금 호수를 내려다보면서 손으로 가리켰어.

바르가스는 내 몸에 꽂힌 가시를 빼 주느라 고개도 들지 않았어.

"저기 소금 호수의 물은 휴대폰과 전기 자동차가 좋아해. 배터리의 원료가 되는 희귀 원소 리튬이 많이 들어 있거든. 소금 성분과 마찬가지로 리튬도 주변 산지에서 흘러내려온 거야. 그 매장량이 세계 생산량의 반이나 된다는 보고도 있어. 대한민국 기업도 그 개발에 참여하고 있고."

"흠. 바닷물에서 물이 증발하면 소금이 남는 거 아녜요? 어떻게 고원에 소금 사막이 있을까요?"

주영이가 물었다.

"맞아. 생각해 보니까 한라산보다 훨씬 높은 고원에 소금 사막, 소금 호수가 있는 것도 신기하다."

도담이가 맞장구를 쳤다. 하은이도 고개를 끄덕였다.

"우유니는 해발 고도가 높은 곳에 있지만, 주변보다는 낮아. 그래서 아주 오랫동안 비가 오면 주위에서 우유니로 빗물이 흘러들어 왔지. 그래서 이곳은 호수가 되었이 끼지만 햇볕에 물이 증발하니, 이곳엔 소금만 남은 거야."

"빗물, 아니 호수물, 아니 담수에도 소금이 있어요?"

주영이가 믿을 수 없다는 듯 고개를 저었다.

"담수에도 아주 적은 양이지만 소금, 즉 염화나트륨이 들어 있단다. 이것이 바다로 가면 호수는 짠물이 되지 않고 담수로 남아 있지. 그런데 바다로 들어가지 않고 증발만 한다면 결국 소금 성분이 남아 쌓이게 돼. 리튬도 마찬가지고."

"선생님, 주영이 표정이 미묘한데요?"

알 듯 말 듯 한 주영이의 표정에 하은이가 손을 들었다.

"주영이 너 이스라엘의 사해 알고 있지? 사해도 그렇게 해서 소금물이 된 거지."

"미스터 허, 난 당신의 학생이 아니야, 정신 차려."

바르가스는 나를 이끌고 물고기 섬을 내려갔어. 계속 잔소리도 쏟아 냈어.

"바르가스, 난 가시에 강해. 가시로 뒤덮인 밤송이에서 밤을 꺼낼 수도 있어, 맨손으로."

"왜 그런 짓을 하는 거야? 오, 정말 미스터 허는 걱정이야. 아프……."

다행히 바르가스의 잔소리가 다시 시작되기 전, 지프차가 소금 호텔에 도착했어. '우유니 소금 호텔'로 유명한 곳은 이젠 박물관으로 바뀌어 있었지. 그래서 우린 우유니 시내에 있는 소금 호텔에 갔어. 우유니엔 소금 호텔이 여러 개야.

"우유니 사막에선 농사를 지을 수 없어. 가축을 키우기도 어렵지. 하지만 우유니 사막은 아름다워. 세계 여러 나라에서 여행

볼리비아 전통 의상을 입은 여성을 '촐라'라고 부른다.

148

객이 찾아와. 우리 형은 여행사 사장이고, 난 여행 가이드를 해. 작은 누나는 관광객에게 음식을 팔지.”

호텔 앞은 관광객에게 소금으로 만든 조각품, 촛대, 보석 상자 등의 기념품을 파는 상인들로 북적였어.

“우유니 소금은 불순물이 적어서 일반 소금보다 순도가 더 높다면서요?”

나는 볼리비아 전통 의상을 입은 촐라에게서 소금을 샀어.

볼리비아 원주민 여성은 전통 의상을 많이 입어. 작고 까만 중절모 밑으로 양 갈래로 땋은 까만 머리, 여러 겹으로 겹쳐진 치마, 다양한 색상으로 화려하게 짠 숄이 특징이지. 전통 의상을 입은 여성을 촐라 또는 촐리타라고 불러.

나와 바르가스는 미리 예약한 소금 호텔로 향했어.

"바르가스, 이 눈사람, 소금으로 되어 있어."

"바르가스, 이 야마 조각상도 소금이야."

"바르가스, 이 침대랑 소파, 탁자도 소금이야."

"이곳은 소금 호텔이니까 온통 소금이지. 미스터 허. 건강에 해로워, 핥지 마."

바르가스는 나를 졸졸 따라다니며 계속해서 잔소리를 해 댔어.

"바르가스, 이제야 발견했는데, 이 호텔 벽도 소금 벽돌이 야. 영토의 3분의 1이 북극권인 핀란드에 갔었는데, 그곳엔 이글 루 호텔이 있다고 했어. 얼음으로 지은 집이지. 정말 신기하지 않아?"

"오, 미스터 허! 당신이야말로 참 신기해. 얼음이 많은 곳에 서 얼음집을 짓고, 소금이 많은 곳에서 소금 집을 짓고, 나무가 많은 곳에서 나무집을 짓는 건 너무 당연한 것 아니야? 지리와 문화는, 연결되어 있잖아."

바르가스가 두 손을 옆으로 살짝 들며 어깨를 으쓱하면서 나를 향해 묘한 표정을 지었어.

"〈지리와 문화〉 강의의 요점이네요."

하은, 도담, 주영이가 웃었다.

"그렇지."

허풍선이 창밖을 보며 고개를 끄덕였다.

사진 자료 제공
Shutterstock 외.

수록된 사진 중 일부는 노력에도 불구하고 저작권자를 확인하지 못하고 출간하였습니다.
확인되는 대로 최선을 다해 협의하겠습니다. 퍼블릭 도메인은 따로 표기하지 않았습니다.